Os Espíritos, a Música Celeste e a Música Terrena

Edição e distribuição:

Caixa Postal 1820 – CEP 13360-000 – Capivari-SP
Fone/fax: (19) 3491-7000 / 3491-5449
E-mail: atendimento@editoraeme.com.br
Site: www.editoraeme.com.br

Solicite nosso catálogo completo com mais de 400 títulos.

Não encontrando os livros da EME na livraria de sua preferência, solicite o endereço de nosso distribuidor mais próximo de você através do fone/fax ou e-mail acima.

Geziel Andrade

Os Espíritos, a Música Celeste e a Música Terrena

Capivari-SP
— 2007 —

Os Espíritos, a Música Celeste e a Música Terrena
Geziel Andrade
2ª edição - novembro/2007 - Do 1.501 ao 4.000 exemplares

Capa:
Arte: André Stenico
Imagem: Istockphoto

Diagramação:
Renan Braghieri Miguel

Revisão gramatical e doutrinária:
Hilda Fontoura Nami
Lídia R. M. Bonilha Curi

——————— *Ficha Catalográfica* ———————

Andrade, Geziel.
Os Espíritos, a Música Celeste e a Música Terrena,
Geziel Andrade, (1ª edição, junho/2007), 2ª edição,
novembro/2007, Editora EME, Capivari - SP.
256 p.
1 - O Espíritos e a música
2 - Espiritismo – música celeste e terrena

CDD 133.9

Índice

Apresentação 9

PRIMEIRA PARTE
A Música dos Espíritos nas Obras de
Allan Kardec 11

Capítulo I:
Os Espíritos Encarnados e a Música 13
Capítulo II:
A Universalidade da Música 17
Capítulo III:
Allan Kardec e a Música Celeste 19
Capítulo IV:
Allan Kardec e a Reafirmação da
Existência da Música Celeste 23
Capítulo V:
Allan Kardec e a Influência dos Espíritos
Sobre a Música Terrena 27
Capítulo VI:
Allan Kardec e a Música nas
Manifestações Inteligentes dos Espíritos 31
Capítulo VII:
Allan Kardec e as Manifestações Musicais
dos Espíritos Através da Mediunidade
do Senhor Daniel Dunglas Home 39

Capítulo VIII:
Allan Kardec e as Manifestações Musicais
do Espírito Batedor de Bergzabern 43
Capítulo IX:
Allan Kardec e as Manifestações
Musicais do Espírito o Tambor de Beresina 47
Capítulo X:
Allan Kardec e a Música de Além-túmulo 49
Capítulo XI:
Allan Kardec, a Morada dos Eleitos
e a Música nas Festas dos Bons Espíritos 53
Capítulo XII:
Allan Kardec e as Manifestações
Musicais dos Espíritos fora de Paris 57
Capítulo XIII:
Allan Kardec e a importância dos Bons Médiuns
nas Manifestações Musicais dos Espíritos.................... 61
Capítulo XIV:
Allan Kardec e o Extraordinário Caso
da Música do Rei Henrique III................................... 65
Capítulo XV:
Allan Kardec e a Música do Espaço 77
Capítulo XVI:
Allan Kardec e a Visão de Pergolèse........................... 81
Capítulo XVII:
Allan Kardec e as Dissertações do Espírito
Rossini sobre a Música e as Harmonias Celestes 85
Capítulo XVIII:
Considerações Gerais sobre as Abordagens
feitas por Allan Kardec relativas à Música Celeste..... 89

SEGUNDA PARTE
As Revelações, Manifestações e Influências
Musicais dos Espíritos, após Allan Kardec 97

Os Espíritos, a Música Celeste e a Música Terrena   7

Capítulo I:
Léon Denis e a Música do Céu.............99
Capítulo II:
Ernesto Bozzano e a Música Transcendental.............109
Capítulo III:
Conan Doyle e a Música no Outro Lado da Vida.....129
Capítulo IV:
A Música na Vida Além do Véu.............135
Capítulo V:
A Música na Vida nos Mundos Invisíveis.............145
Capítulo VI:
Rosemary Brown e a Música dos
Grandes Mestres.............155

TERCEIRA PARTE
As Revelações, Manifestações e Influências
Musicais dos Espíritos no Brasil.............163

Capítulo I:
As Influências, Inspirações e Idéias
Musicais dos Espíritos.............165
Capítulo II:
A Música nas Sessões de
Materializações de Espíritos.............175
Capítulo III:
Jorge Rizzini: Notável Espírita e
Grande Médium Musical Brasileiro.............185
Capítulo IV:
Marli Simões Fabris: Médium
Psicógrafa e Musical.............201
Capítulo V:
A Música dos Espíritos na Obra Mediúnica
de Chico Xavier.............225

Capítulo VI:
A Música dos Espíritos em diversas
Obras Mediúnicas 241

QUARTA PARTE
Palavras finais sobre a Música dos Espíritos 251

Apresentação

Existe a música celeste ou espiritual? Os Espíritos podem transmitir músicas inéditas aos homens, através dos médiuns? Os Espíritos influem sobre os compositores terrenos através das suas inspirações?

Este estudo doutrinário busca responder objetivamente a essas questões difíceis, recorrendo à consolidação, até o presente momento, das informações existentes sobre a música celeste e sobre as interferências dos Espíritos na evolução da música terrena.

As primeiras revelações a respeito desses assuntos foram feitas pelos Espíritos superiores a Allan Kardec, que as inseriu em *O Livro dos Espíritos*.

De lá para cá, as notícias da música existente no mundo espiritual, bem como da transmissão pelos Espíritos de inspirações e idéias musicais aos homens, multiplicaram-se sobremaneira, exigindo esta abordagem atualizada que consolida as informações disponíveis acerca desses temas tão interessantes.

Estudando, nos Capítulos seguintes, a música dos Espíritos, veremos, em primeiro lugar, reafirmados os princípios do Espiritismo sobre a imortalidade da alma, os atributos que pertencem aos Espíritos e a sua possibilidade de comunicação com os homens através da mediunidade. Além disso, nos surpreenderemos e nos deslumbraremos com a maravilhosa arte musical que é cultivada em nossa vida futura.

São Paulo, 01 de maio de 2007.

Geziel Andrade

PRIMEIRA PARTE:

A Música dos Espíritos nas Obras de Allan Kardec

Capítulo I:
Os Espíritos Encarnados e a Música

A história da música registra a extraordinária evolução que essa arte experimentou, acompanhando a notável trajetória progressista dos homens, que sob a ótica do Espiritismo são Espíritos encarnados em processo incessante de aperfeiçoamento intelectual e moral.

A Música na Pré-história

As provas das primeiras manifestações musicais produzidas pelos Espíritos encarnados estão perdidas na Pré-história; mas supõe-se que elas tinham um sentido religioso, visando agradar aos deuses. Supõe-se ainda que a música surgiu associada às pancadas organizadas em madeira, dando origem aos primeiros instrumentos de percussão. Além disso, admite-se que os homens das cavernas associaram à música as danças e os ritmos marcados com os pés e as mãos.

A história da música atesta ainda que ela se ligou intimamente à evolução das sociedades e culturas humanas, acompanhando o seu progresso notável. Dessa forma, as manifestações musicais sempre existiram e mereceram lugar de destaque, dando prestígio aos músicos.

Admite-se que o primeiro grande salto na organização e sistematização dos elementos musicais ocorreu num momento perdido na Pré-história em que as palavras foram incorporadas nas linhas melódicas simples, produzindo cantos rudimentares e músicas vocais primitivas.

O Progresso na Arte Musical

A partir daí, houve o progresso nos instrumentos musicais, decorrente do surgimento dos tambores mais sofisticados e dos instrumentos musicais de sopro, de cordas e de metais. Houve ainda o afloramento da criatividade de alguns músicos e compositores, permitindo a produção de expressões musicais novas, a organização mais diversificada dos sons e a invasão da música para animar as atividades humanas, tais como: as festas para celebrar a caça abundante e a colheita farta, a vitória na guerra, as reuniões coletivas, as atividades domésticas e o entretenimento das crianças.

A esses fatos deve-se juntar o aprimoramento incessante na estruturação e na organização dos sons, a variação na velocidade de execução das notas musicais, o surgimento de novos ritmos, novas melodias e harmonias mais aprimoradas e belas, o aperfeiçoamento da interação das vozes com os instrumentos, a acentuação correta das palavras no tempo mais forte da música e a seleção criteriosa dos sons harmoniosos e dos acordes consonantes ou dissonantes.

A Contribuição de Pitágoras

Um novo salto importante ocorreu no campo da música com Pitágoras de Samos, filósofo e matemático

Os Espíritos, a Música Celeste e a Música Terrena   15

grego do século VI a.C., ao ter demonstrado as relações existentes entre a matemática, a escala musical e os sons de uma linha melódica, dentro de um esquema fracionário. Isto fortaleceu a teoria musical e facilitou a formação de novos músicos e compositores.

A partir de então, a música evoluiu a passos mais largos, conquistando de uma forma definitiva o seu lugar de destaque em todas as atividades humanas, conforme a história da música registra de um modo muito preciso.

Capítulo II:
A Universalidade da Música

Talvez não exista um outro texto que expresse melhor a abrangência universal, a beleza, o poder e a influência da música sobre os homens, do que o abaixo apresentado, de autoria desconhecida:

Eu sou a mais antiga das artes.

Eu faço parte da Natureza: eu estou no sopro do vento; no estouro do trovão; no cair da chuva; no correr do rio; no passar das águas por entre as pedras; nas ondas do mar...

Eu sou companheira dos animais: eu estou no canto dos pássaros e nos sons variados produzidos por muitos deles.

Eu vivo entre os homens desde o seu surgimento, com meus sons graves ou agudos e minhas mil vozes.

Eu estimulo a criação de diferentes instrumentos musicais.

Eu tenho ritmos e harmonias que despertam emoções, exaltam sentimentos, relaxam o corpo e geram o bem-estar na alma.

Eu sou um desafio constante para os músicos e compositores, pois exijo habilidade, paciência, persistência e criatividade.

Eu tenho melodias que comovem os patriotas; exaltam os vitoriosos; expressam a fé em Deus; fazem nascer a esperança; animam os tristes; distraem os solitários; e embalam os cantores e os dançarinos...

Eu sou capaz de fazer as crianças tanto brincar quanto ninar.

Eu roubo a atenção dos matemáticos com as minhas escalas e frações que estão nas notas musicais.

Eu penetro o ouvido humano e ponho o cérebro a imaginar e levo a mente a sonhar.

Eu desperto o amor no coração dos românticos e dos apaixonados...

Eu estou em todos os ambientes: nas casas, nos teatros, nas igrejas, nos quartéis, nas empresas, nas festas e nos eventos populares ou eruditos.

Eu sou a música: a mais pura e bela das artes.

CAPÍTULO III:
Allan Kardec e a Música Celeste

Allan Kardec desvendou os mistérios da vida espiritual com a publicação de *O Livro dos Espíritos*, em Paris, em 18 de abril de 1857, constituindo o Espiritismo.

No "Resumo da Doutrina dos Espíritos", contido na "Introdução" daquele livro, aprendemos que:

✓ Somos Espíritos encarnados, pois revestimos temporariamente um corpo material perecível.

✓ A morte desse invólucro corporal devolve a liberdade ao nosso Espírito, que retorna ao mundo espiritual, de onde havia saído para conquistar maior grau de desenvolvimento intelectual e moral.

✓ Na condição de Espíritos encarnados, somos constituídos de três elementos: 1º.) O corpo ou ser material, semelhante ao dos animais, animado pelo mesmo princípio vital e regido por instintos; 2º.) A alma ou ser imaterial, espírito encarnado no corpo, que participa da natureza dos Espíritos; 3º.) O liame ou perispírito que une a alma ao corpo, princípio semimaterial intermediário entre a matéria e o Espírito.

✓ Após a morte do corpo material, o nosso Espírito conserva o perispírito, que lhe serve de corpo etéreo. Este corpo espiritual é invisível para os homens no seu estado normal, mas pode se tornar temporariamente visível ou mesmo tangível, no fenômeno da aparição, permitindo que seja apreciado pelos sentidos da vista, da audição e do tato.

✓ Na condição de Espíritos criados por Deus simples e ignorantes, em épocas diferentes, mas perfectíveis, através de um longo processo de desenvolvimento, não somos iguais em poder, inteligência, saber e moralidade. Estamos ainda percorrendo as diversas classes da hierarquia espiritual, até atingirmos a perfeição espiritual.

✓ Deus, o Criador de todas as coisas, impõe a nós quantas encarnações forem necessárias para que possamos cumprir provas, missões ou expiações e, assim, desenvolver as faculdades e as habilidades, adquirir experiências de vida e melhorar as características próprias, visando à ascensão ao topo da hierarquia espírita.

Ainda, graças às perguntas sábias que Allan Kardec formulou aos Espíritos superiores, aprendemos que:

✓ A inteligência é um atributo do nosso Espírito, mas ela se manifesta mais livremente quando não temos o entrave do corpo material. (Questão 237 de *O Livro dos Espíritos*).

✓ No mundo espiritual, o nosso Espírito conserva as percepções que possuía nesta vida, mas desenvolve outras que o corpo material obscurecia como um véu. (Questão 237).

✓ Na condição de Espíritos, de acordo com a nossa elevação e a nossa pureza, podemos ver coisas que não víamos como homens e assim julgá-las de um modo diferente. (Questão 241).

✓ A nossa visão na vida espiritual será mais perfeita que a dos homens, pois nada a obscurecerá; então poderá penetrar onde a visão humana não tinha condição de alcançar. (Questão 248).

✓ O mesmo se dará com a percepção dos sons:

Os Espíritos, a Música Celeste e a Música Terrena   21

ouviremos sons que os sentidos humanos obtusos não conseguem perceber. (Questão 249).

✓ Portanto, todas as faculdades e percepções são atributos do Espírito, fazendo parte do ser e não estando localizadas em órgãos. Assim, os atributos do Espírito não dependem de meios orgânicos para se manifestar. (Questão 249-A).

Dessa forma, com os conhecimentos do Espiritismo, mudamos completamente o enfoque que tínhamos para a vida material, o nosso corpo físico, a vida espiritual e as características do nosso Espírito imortal. Este possui todas as faculdades e todos os atributos intelectuais e morais. Por ser imortal, nada se perde das conquistas valiosas, que realizamos na jornada evolutiva, as quais nos conduzem ao destino venturoso estabelecido por Deus: a perfeição espiritual.

Os Espíritos e a Música

Na questão 251 de *O Livro dos Espíritos*, Allan Kardec, perguntou aos Espíritos superiores se os Espíritos são sensíveis à música. Então, obteve a seguinte resposta surpreendente:

"Trata-se da vossa música? O que é ela perante a música celeste, essa harmonia da qual ninguém na Terra pode ter idéia? Uma é para a outra o que o canto do selvagem é para a suave melodia. Não obstante, os Espíritos vulgares podem provar um certo prazer ao ouvir a vossa música, porque não estão ainda capazes de compreender outra mais sublime. A música tem, para os Espíritos, encantos infinitos, em razão de suas qualidades sensitivas muito desenvolvidas. Refiro-me à música celeste, que é tudo quanto a imaginação espiritual pode conceber de mais belo e mais suave".

Portanto, Allan Kardec, desde o início de suas pesquisas espíritas, obteve a surpreendente revelação de que existe a música celeste, com sua harmonia maravilhosa, sublime, bela e encantadora; mas os homens dificilmente a podem compreender ainda, por falta de percepções e condições auditivas adequadas.

BIBLIOGRAFIA: KARDEC, Allan. **O LIVRO DOS ESPÍRITOS.** Capivari: Editora EME.

CAPÍTULO IV:
Allan Kardec e a Reafirmação da Existência da Música Celeste

No livro *Obras Póstumas*, publicado após a morte de Allan Kardec, encontramos o seguinte caso muito interessante, narrado e comentado pelo Codificador do Espiritismo, que reafirma, de um modo inusitado, a existência da música no mundo espiritual:

"Certo dia, numa reunião familiar, o chefe da família lera uma passagem de *O Livro dos Espíritos* concernente à música celeste. Uma de suas filhas, boa musicista, pôs-se a dizer consigo mesma: Mas não há música no mundo invisível! Parecia-lhe isso impossível; entretanto, não externou seu pensamento. Na noite do mesmo dia, escreveu ela espontaneamente a comunicação seguinte:

"Esta manhã, minha filha, teu pai te leu uma passagem de *O Livro dos Espíritos*. Tratava-se de música e tu aprendeste que a do céu é muito mais bela do que a da Terra. Os Espíritos acham-na muito superior à vossa. Tudo isto é verdade; no entanto, dizias intimamente: Como poderia Bellini vir dar-me conselhos e ouvir a minha música? Foi provavelmente algum Espírito leviano e farsista. (Alusão aos conselhos que o Espírito Bellini às vezes lhe dava sobre música.) Enganas-te, minha filha. Quando os Espíritos tomam sob a sua proteção um encarnado, o objetivo que colimam é fazê-lo adiantar-se".

"Assim, Bellini já não acha bela a sua música, porque não a pode comparar à do Espaço; mas, vendo a tua aplicação e o teu amor a essa arte, se te dá conselhos, é por sincera satisfação. Ele deseja que o teu professor seja recompensado de todo o seu esforço. Achando suas composições muito infantis, em face das sublimes harmonias do mundo invisível, ele aprecia o teu talento, que se pode qualificar de grande aí nesse mundo. Acredita, minha filha, os sons dos vossos instrumentos, as vossas mais belas vozes não poderiam dar-vos a menor idéia da música celeste e da sua suave harmonia".

Passados alguns instante, disse a moça: "Papai, papai, vou adormecer, vou cair". Logo se lançou numa poltrona, exclamando: "Oh! Papai, papai, que música deliciosa!... Desperta-me, senão eu me vou".

"Não sabendo os assistentes, aterrorizados, como fazer para despertá-la, disse ela: "Água, água".

"Com efeito, algumas gotas que lhe salpicaram no rosto deram pronto resultado. Atordoada a princípio, voltou lentamente a si, sem a mínima consciência do que se passara".

"Ainda na mesma noite, achando-se só, o pai da donzela recebeu do Espírito S. Luís a explicação seguinte:"

"Quando lias à tua filha a passagem de *O Livro dos Espíritos* referente à música celeste, ela se conservava em dúvida; não compreendia que no mundo espiritual pudesse haver música. Eis por que depois eu lhe disse que era verdade. Não tendo a minha afirmativa podido persuadi-la, Deus permitiu que, para convencer-se, ela caísse em sono sonambúlico. Então, desprendendo-se do corpo adormecido, seu Espírito se lançou pelo Espaço

Os Espíritos, a Música Celeste e a Música Terrena   25

e foi admitido nas regiões etéreas, onde ficou em êxtase produzido pela impressão da harmonia celeste. Por isso foi que exclamou: "Que música! Que música!" Sentindo-se, porém, transportada a regiões cada vez mais elevadas do mundo espiritual, pediu que a despertassem, indicando o meio de o conseguirem: com água".

"Tudo se faz pela vontade de Deus. O Espírito de tua filha não mais duvidará. Embora, despertado, não guarde lembrança nítida do que se passou, seu Espírito sabe onde está a verdade".

"Agradecei a Deus os favores de que cumula esta criança. Agradecei-lhe o dignar-se fazer-vos conhecer cada vez mais a Sua onipotência e a Sua bondade. Que Suas bênçãos se derramem sobre vós e sobre este médium, ditoso entre mil".

Os Comentários de Allan Kardec Sobre o êxtase Produzido pela Impressão da Harmonia Celeste

Allan Kardec fez os seguintes comentários sobre o caso acima transcrito:

• A jovem, se no estado de vigília não conservou os pormenores do fato ocorrido, seu Espírito pode recordá-lo, deixando-lhe uma intuição bastante forte para lhe modificar as idéias e um sentimento íntimo capaz de aceitar sem dificuldade as explicações que lhe forem dadas.

• Os bons Espíritos, achando a moça em questão dócil aos seus ensinamentos, se comprazeram em instruí-la, acompanhando-a na breve excursão ao mundo espiritual, que pode ser vista como uma recompensa pelas suas boas disposições ao adiantamento moral.

Considerações Finais

Como pudemos constatar, a revelação dos Espíritos superiores sobre a existência da música celeste, contida em *O Livro dos Espíritos*, foi reafirmada de um modo inesperado com o caso ocorrido com a jovem médium, que era boa musicista e que teve o seu pensamento lido e respondido pelos Espíritos.

A reafirmação ocorreu não só com os amplos desenvolvimentos teóricos escritos pelo Espírito São Luís; mas, principalmente, com o desdobramento espiritual ocorrido com a jovem médium, permitindo que sua alma ascendesse às esferas superiores do mundo espiritual para ouvir a música deliciosa lá existente, transmitindo suas impressões às pessoas presentes na reunião espírita.

BIBLIOGRAFIA: KARDEC, Allan. **O LIVRO DOS ESPÍRITOS**. Capivari: Editora EME.

KARDEC, Allan. **OBRAS PÓSTUMAS**. 23ª. Edição. BRASÍLIA: FEB. 1989.

Capítulo V:
Allan Kardec e a Influência dos Espíritos Sobre a Música Terrena

Allan Kardec, no item 169 de *O Livro dos Médiuns* narrou um episódio muito interessante, que mostra como os Espíritos podem exercer influência nas atividades musicais dos homens:

"Assistimos certa noite à representação da ópera Oberon ao lado de um excelente médium vidente. Havia no salão grande número de lugares vazios, mas muitos estavam ocupados por Espíritos que pareciam acompanhar o espetáculo. Alguns se aproximavam de certos espectadores e pareciam escutar as suas conversas. No palco se passava outra cena: por trás dos atores, muitos Espíritos joviais se divertiam em contracenar com eles, imitando-lhes os gestos de maneira grotesca. Outros, mais sérios, pareciam inspirar os cantores, esforçando-se por lhes dar mais energia. Um desses mantinha-se junto a uma das principais cantoras. Julgamos as suas intenções um tanto levianas e o evocamos após o baixar da cortina. Atendeu-nos e reprovou com severidade o nosso julgamento temerário. "Não sou o que pensas – disse –; sou o seu guia, o seu Espírito protetor; cabe-me dirigi-la". Após alguns minutos de conversação bastante séria, deixou-nos dizendo: "Adeus. Ela está no seu camarim e preciso velar por ela".

"Evocamos depois o Espírito de Weber, autor da ópera, e lhe perguntamos o que achava da representação. "Não foi muito má – respondeu – mas fraca. Os atores cantam, eis tudo. Faltou inspiração. Espera – acrescentou – vou tentar insuflar-lhes um pouco do fogo sagrado!" Vimo-lo, então, sobre o palco, pairando acima dos atores. Um eflúvio parecia se derramar dele para os intérpretes, espalhando-se sobre eles. Nesse momento, verificou-se entre eles uma visível recrudescência da energia".

Portanto, com esse caso específico narrado por Allan Kardec, constatamos que os Espíritos de diferentes ordens podem participar de atividades artísticas e exercer influências sobre os artistas, colaborando para o sucesso ou a mediocridade do espetáculo. Por isso, a importância que muitos artistas dão à prece, antes do início da apresentação pública, pedindo a ajuda de seu guia ou Espírito protetor.

As Inspirações que os Espíritos Transmitem aos Homens

Allan Kardec, no item 183 de *O Livro dos Médiuns* explicou, de uma forma muito lógica e clara, como alguns Espíritos conseguem transmitir, a certos artistas, idéias mentais, intuições e inspirações:

"Todos os homens de gênio, artistas, sábios, literatos são, sem dúvida, Espíritos adiantados, capazes de conceber grandes coisas e de trazê-las em si mesmos. Ora, é precisamente por julgá-los capazes que os Espíritos, quando querem realizar certos trabalhos, lhes sugerem as idéias necessárias. E é assim que eles são, na maioria das vezes, médiuns sem o saber. Eles têm, não obstante, uma vaga intuição de ser assistidos, pois aquele que apela à inspiração faz uma evocação. Se não esperasse ser ouvido,

Os Espíritos, a Música Celeste e a Música Terrena 29

por que haveria de clamar com tanta freqüência: Meu bom gênio, venha ajudar-me!"

Portanto, os Espíritos podem agir sobre os homens em geral, e, em particular, sobre os artistas, fornecendo-lhes idéias, sugestões mentais e inspirações, que fortalecem as suas capacidades, habilidades e realizações. Assim, agem como médiuns inconscientes, que materializam as contribuições mentais oferecidas de forma oculta pelos Espíritos.

BIBLIOGRAFIA: KARDEC, Allan. **O LIVRO DOS MÉDIUNS**. Capivari: Editora EME. 1997.

CAPÍTULO VI:
Allan Kardec e a Música nas Manifestações Inteligentes dos Espíritos

Allan Kardec, no Item 185 de *O Livro dos Médiuns* ressaltou que: "os Espíritos poetas, músicos, desenhistas, sábios, moralistas, médicos etc, promovem manifestações inteligentes através dos médiuns que possuem aptidões especiais para intermediá-las".

Os Médiuns de Efeitos Musicais

E no Item 189 de *O Livro dos Médiuns* Allan Kardec incluiu os médiuns de efeitos musicais entre os de efeitos físicos, pois promovem a execução de músicas em certos instrumentos, sem tocá-los.

Esclareceu que esses médiuns são muito raros, mas os Espíritos conseguem tocar os instrumentos combinando uma porção do fluido universal que está à sua disposição com o fluido animalizado que se desprende do médium apropriado a produzir esses efeitos. A união necessária de ambos os fluidos, aliada à vontade do Espírito, produz uma vida fictícia e momentânea ao instrumento que se movimenta.

Anteriormente, no Item 74 de *O Livro dos Médiuns*, Allan Kardec já havia detalhado o mecanismo desse fenômeno, ao apresentar as seguintes respostas que os Espíritos ofereceram às suas perguntas sobre o assunto:

"Como o Espírito pode nos fazer ouvir ruídos ou sons através do ar?

— Desde que age sobre a matéria, pode agir tanto sobre o ar como sobre a mesa. Quanto aos sons articulados, pode imitá-los como a todos os demais ruídos".

"Em certas manifestações, aparecem mãos a dedilhar teclados, movimentando as teclas e produzindo sons. Não parecia, nesse caso, que as teclas eram movimentadas pelos dedos?

— Já não dissemos que o fluido do perispírito penetra a matéria e se identifica com ela, dando-lhe uma vida factícia? Pois bem, quando o Espírito movimenta as teclas com os dedos, ele o faz realmente. Mas, não é pela força muscular que faz a pressão. Ele anima a tecla, como faz com a mesa, e a tecla obedece à sua vontade e vibra a corda".

Os Médiuns Musicais

Ainda, no Item 190 de *O Livro dos Médiuns* Allan Kardec tratou dos Médiuns musicais, dando-lhes a seguinte definição:

"São os que executam, compõem ou escrevem músicas sob a influência dos Espíritos. Há médiuns musicais mecânicos, semimecânicos, intuitivos e inspirados, como se dá com as comunicações literárias".

Os Espíritos, a Música Celeste e a Música Terrena 33

As Manifestações dos Espíritos Através da Música

No Item 223 de *O Livro dos Médiuns*, Allan Kardec apresentou os seguintes esclarecimentos acerca das manifestações dos Espíritos, através dos Médiuns musicais, como uma das formas de expressão de seus pensamentos:

• A música é forma de expressão do pensamento e os Espíritos se servem dos instrumentos que lhes oferecem mais facilidades.

• A expressão do pensamento pela música depende algumas vezes do médium, outras dos Espíritos.

A Escolha dos Médiuns para as Manifestações dos Espíritos

Quanto à escolha dos médiuns adequados à transmissão dos seus pensamentos, os Espíritos apresentaram a seguinte comparação, que está contida no Item 224 de *O Livro dos Médiuns*:

"Nós, os Espíritos, somos como os compositores de música que, tendo composto ou querendo improvisar uma ária, só dispõem de um destes instrumentos: um piano, um violino, uma flauta, um fagote ou um apito comum. Não há dúvida de que com o piano, com a flauta ou com o violino executaremos a ária de maneira satisfatória. Embora os sons do piano, do fagote ou da flauta sejam essencialmente diferentes entre si, nossa composição será sempre a mesma nas diversas variações de sons. Mas se dispomos apenas de um apito comum, ou mesmo de um sifão de esguicho, eis-nos em dificuldade".

"Quando somos obrigados a servir-nos de médiuns pouco adiantados, nosso trabalho se torna mais demorado e penoso, pois temos de recorrer a formas imperfeitas de expressão, o que é para nós um embaraço. Somos, então, forçados a decompor os nossos pensamentos e ditar palavra por palavra, letra por letra, o que nos é fatigante e aborrecido, constituindo verdadeiro entrave à presteza e ao bom desenvolvimento de nossas manifestações".

"É por isso que nos sentimos felizes ao encontrar médiuns bem apropriados, suficientemente aparelhados, munidos de elementos mentais que podem ser prontamente utilizados, bons instrumentos, numa palavra, porque, então, o nosso perispírito, agindo sobre o perispírito daquele que mediunizamos, só tem de lhe impulsionar a mão que serve de porta-canetas ou porta-lápis. Com os médiuns mal aparelhados somos obrigados a realizar um trabalho semelhante ao que temos para comunicar-nos por meio de pancadas, ou seja, indicando letra por letra, palavra por palavra, para formar as frases que traduzem o pensamento a transmitir".

Os Objetos e Instrumentos que os Espíritos Podem Criar

Allan Kardec, no Capítulo VIII de *O Livro dos Médiuns*, intitulado de "Laboratório do Mundo Invisível", esclareceu da seguinte forma, com a ajuda do Espírito São Luís, a questão bastante intrigante de como os Espíritos criam roupas, bengalas, armas, cachimbos, lanternas, livros, jóias e outros objetos e instrumentos que precisam usar:

Espírito São Luís: "O Espírito dispõe, sobre os elementos materiais dispersos por todo o espaço da vossa atmosfera, de um poder que estais longe de suspeitar. Ele poderia concentrar esses elementos pela sua vontade e dar-

Os Espíritos, a Música Celeste e a Música Terrena   35

lhes a forma aparente que convenha às suas intenções".

Allan Kardec: "Resulta desta explicação que os Espíritos submetem a matéria etérea às transformações que desejam. Assim, por exemplo, no caso da tabaqueira o Espírito não a encontrou feita, mas ele mesmo a produziu, quando dela necessitou, por um ato da sua vontade, e da mesma maneira a desfez".

Allan Kardec: "Se o Espírito pode tirar do elemento universal os materiais para essas produções, dando a essas coisas uma realidade temporária, com suas propriedades, pode também tirar o necessário para escrever, o que nos daria a chave do fenômeno da escrita direta?"

Espírito São Luís: "Afinal, chegaste onde querias!"

Observação de Allan Kardec: "Com efeito, era a isso que desejávamos chegar com todas as nossas perguntas preliminares. A resposta prova que o Espírito lera o nosso pensamento".

Allan Kardec: "A teoria acima pode ser resumida assim: o Espírito age sobre a matéria; tira da matéria cósmica universal os elementos necessários para formar, como quiser, objetos com a aparência dos diversos corpos da Terra. Pode também operar, pela vontade, sobre a matéria elementar, uma transformação íntima que lhe dá certas propriedades. Essa faculdade é inerente à natureza do Espírito, que a exerce, muitas vezes de maneira instintiva e, portanto, sem o perceber, quando se faz necessário. Os objetos formados pelo Espírito são de existência passageira, que depende da sua vontade ou da necessidade: ele pode fazê-los e desfazê-los a seu bel prazer. Esses objetos podem, em certos casos, parecer para os vivos perfeitamente reais, tornando-se momentaneamente visíveis e mesmo tangíveis. Trata-se de formação e não de criação, pois o Espírito não pode tirar nada do nada".

A Formação de Instrumentos Musicais pela Transformação dos Fluidos Espirituais

Allan Kardec, no Capítulo XIV do livro *A Gênese*, intitulado de "Os Fluidos", ampliou o entendimento da formação de objetos pelos Espíritos, inclusive instrumentos musicais, com os seguintes ensinamentos:

"Os fluidos têm para os Espíritos, tanto que em si mesmo são fluídicos, uma aparência material quanto a dos objetos tangíveis para os encarnados, e são para eles o que para nós são as substâncias do mundo terrestre; eles as elaboram, combinam-nas para produzir efeitos determinados, como o fazem os homens com seus materiais, embora usando processos diferentes".

"O pensamento do Espírito cria fluidicamente os objetos dos quais tem o hábito de se servir; um avaro manejará o ouro, um militar terá suas armas e seu uniforme, um fumante, seu cachimbo, um trabalhador, seu arado e seus bois, uma mulher velha, seus aparelhos de fiar. Esses objetos fluídicos são tão reais para o Espírito, o qual é fluídico também, como o eram no estado material para o homem vivente; porém, pela mesma razão de que são criados pelo pensamento, sua existência é também fugidia como o pensamento".

Considerações Sobre as Manifestações Musicais dos Espíritos

Com os ensinamentos de Allan Kardec, acima apresentados, concluímos que:

✓ Os Espíritos músicos podem promover manifestações inteligentes quando encontram médiuns

Os Espíritos, a Música Celeste e a Música Terrena 37

que possuem aptidões especiais para intermediá-las.

✓ Os médiuns de efeitos musicais conseguem que os Espíritos executem músicas em certos instrumentos, sem tocá-los fisicamente, pois agem com o pensamento e a vontade sobre os fluidos que dão uma vida fictícia e momentânea ao instrumento.

✓ Os médiuns musicais recebem a influência mecânica, semimecânica, intuitiva ou inspirada dos Espíritos. Assim, conseguem compor ou escrever músicas sob a ação dos Espíritos.

✓ Os Espíritos escolhem os médiuns que conseguem transmitir aos homens, da melhor forma possível, os seus pensamentos e as suas manifestações musicais.

✓ Os Espíritos conseguem construir instrumentos musicais transformando, combinando e elaborando a matéria etérea que está à sua disposição na vida espiritual.

BIBLIOGRAFIA: KARDEC, Allan. **O LIVRO DOS MÉDIUNS**. Capivari: Editora EME. 1997.

KARDEC, Allan. **A GÊNESE, OS MILAGRES E AS PREDIÇÕES SEGUNDO O ESPIRITISMO**. 12ª. Edição. São Paulo: LAKE. 1977.

Capítulo VII:
Allan Kardec e as Manifestações Musicais dos Espíritos Através da Mediunidade do Senhor Daniel Dunglas Home

Allan Kardec, na *Revista Espírita* dos meses de fevereiro, março, abril e maio de 1858, comentou os fenômenos espíritas operados pelo senhor Daniel Dunglas Home, nascido a 15 de março de 1833, perto de Edimburgo, e descendente de antiga e nobre família da Escócia.

Allan Kardec buscou os seus relatos em fontes de tal maneira autênticas, que podia garantir a mais escrupulosa exatidão. As testemunhas oculares eram pessoas muito sérias, esclarecidas e altamente colocadas na sociedade, de modo que a sinceridade delas não poderia ser posta em dúvida.

Em função disso, Allan Kardec afirmou na *Revista Espírita* de fevereiro de 1858:

"Como o nosso fim é o estudo sério de tudo quanto se liga à Ciência espírita, fechar-nos-emos na estrita realidade dos fatos constatados por nós mesmos ou por testemunhas oculares mais dignas de fé. Podemos, pois, comentá-los, com a certeza de que não estamos raciocinando sobre coisas fantásticas".

"O senhor Home é um médium do gênero dos que produzem manifestações ostensivas, sem excluir por isto as comunicações inteligentes; mas as suas predisposições naturais lhe dão para as primeiras uma aptidão toda especial. Sob sua influência ouvem-se os mais estranhos ruídos, o ar se agita, os corpos sólidos se movem, levantam-se, transportam-se de um lado a outro, através do espaço, instrumentos de música produzem sons melodiosos, aparecem seres do mundo extra-corpóreo, falam, escrevem e por vezes nos abraçam até produzir dor. Muitas vezes ele próprio é visto, em presença de testemunhas oculares, elevado a vários metros de altura, sem qualquer sustentáculo".

As Manifestações Musicais

Especificamente sobre as manifestações musicais dos Espíritos, através da mediunidade do senhor Home, Allan Kardec apresentou os seguintes fatos:

"De todas as manifestações produzidas pelo senhor Home, a mais extraordinária é, sem dúvida, a das aparições, razão por que nelas mais insistimos, à vista das graves conseqüências daí decorrentes e da luz que elas lançam sobre uma porção de outros fatos. O mesmo se dá com os sons produzidos no ar, instrumentos de música que tocam sozinhos etc." (R.E. de março de 1858).

"Um outro gênero de manifestações não menos notável, mas que se explica pelo que acabamos de dizer é o dos instrumentos de música que tocam sozinhos. Em geral são pianos ou acordeons. Em tais circunstâncias vêem-se distintamente as teclas se moverem, bem como o fole. A

Os Espíritos, a Música Celeste e a Música Terrena   41

mão que toca ora é visível, ora invisível. A ária que se ouve pode ser conhecida e tocada a pedido. Se o artista invisível é deixado à vontade, produz acordes harmoniosos, cujo efeito lembra a vaga e suave melodia da harpa eólia".

"Em casa de um de nossos assinantes, onde tais fenômenos se produziram muitas vezes, o Espírito que assim se manifestava era o de um moço falecido há algum tempo, amigo da família e que, quando vivo, revelava notável talento musical. A natureza das árias que preferia tocar não deixava a menor dúvida quanto à sua identidade para todos aqueles que o haviam conhecido".

"Hoje nos limitaremos a deduzir uma conseqüência relativa ao toque espontâneo dos instrumentos de música. Com efeito, desde que a ocasional tangibilidade dessa matéria eterizada é um fato constatado, desde que em tal estado a mão, aparente ou não, oferece resistência suficiente para exercer pressão sobre os corpos sólidos, não é de admirar que ela possa exercer uma pressão suficiente para mover as teclas de um instrumento. Por outro lado, fatos não menos positivos provam que essa mão pertence a um ser inteligente. Nada, pois, de admirar que essa inteligência se manifeste por sons musicais, de vez que o pode fazer pela escrita e pelo desenho". (R.E. de abril de 1858).

"A mão que tem a força para apanhar um objeto também a pode ter para fazer pressão sobre as teclas e fazê-las soar. Aliás, por diversas vezes vimos os dedos em ação, e quando a mão não é vista, vêem-se as teclas em movimento e o fole a distender-se e fechar-se. As teclas só podem ser movidas por mão invisível, a qual dá mostras de inteligência, tocando árias perfeitamente ritmadas e não sons incoerentes". (R. E. de maio de 1858).

Considerações sobre essas Manifestações Musicais

O senhor Daniel Dunglas Home foi um médium extraordinário para as manifestações físicas inteligentes promovidas pelos Espíritos, servindo de base para os estudos do Codificador do Espiritismo.

Com relação às manifestações musicais dos Espíritos, os fenômenos produzidos foram surpreendentes: instrumentos de música tocavam sozinhos, produzindo sons melodiosos; algumas vezes, o artista invisível atendia a pedidos de músicas ou mesmo tocava melodias de sua preferência; em certas ocasiões, podia-se ver a mão materializada do Espírito movendo as teclas para produzir suave melodia ou acordes harmoniosos; em certa residência, um Espírito familiar que tivera um notável talento musical, não o perdera com a morte do corpo material, e podia executar árias que atestavam a sua identidade; as manifestações inteligentes dos Espíritos por sons musicais ritmados não diferem muito das suas manifestações pela escrita ou pelo desenho.

Portanto, o médium Daniel Dunglas Home teve uma participação importante na constituição do Espiritismo, com sua notável mediunidade de efeitos físicos inteligentes e, em especial, de efeitos musicais.

BIBLIOGRAFIA: Acima relacionada.

CAPÍTULO VIII:
Allan Kardec e as Manifestações Musicais do Espírito Batedor de Bergzabern

Allan Kardec, na *Revista Espírita* de maio, junho e julho de 1858, publicou as narrativas minuciosas feitas, em 1852, pelo senhor Blanck, redator do jornal de Bergzabern, a respeito de um Espírito Batedor que produzia fenômenos extraordinários na casa do alfaiate Pedro Sänger, envolvendo sua filha Filipina Sänger, de doze anos de idade. Os trechos específicos sobre as manifestações musicais desse Espírito são os seguintes:

"Observamos que o batedor obedecia à ordem de marcar marchas militares. Várias pessoas afirmaram que quando se lhe pedia uma marcha russa, austríaca ou francesa, ela era marcada com muita exatidão".

"Se alguém pedisse uma marcha ou uma dança, logo era atendido o seu desejo: o músico invisível mostrava-se muito complacente".

"Acontece muitas vezes que quando alguém cantarola ou assobia uma ária qualquer, o batedor a acompanha e os sons que se percebem parecem vir de dois, três ou quatro instrumentos: ouve-se ao mesmo tempo arranhar, bater, assobiar e roncar, conforme o ritmo da ária cantada.

Muitas vezes, também, o batedor pede a um dos assistentes que cante uma canção. Designa-o pelo processo já nosso conhecido e quando a pessoa compreende que é a si mesma que o Espírito se dirige, por sua vez pergunta ao Espírito se quer que cante esta ou aquela canção. A resposta é dada por sim ou não. Ao cantar a ária indicada, ouve-se um acompanhamento perfeito de zumbidos e assobios. Depois de uma canção alegre, muitas vezes o Espírito pedia o hino "Grande Deus, nós te louvamos" ou a canção de Napoleão I. Se lhe pedíssemos para tocar sozinho esta última ou qualquer outra, ele a executava do começo ao fim".

"O Espírito batedor ficou silencioso durante três dias da Semana Santa: quinta, sexta e sábado. Só no domingo de Páscoa recomeçaram os seus golpes na sineta: golpes ritmados, compondo uma ária. A 1º. de abril, ao ser trocada a guarnição, as tropas que deixavam a cidade marchavam puxadas pela banda de música. Ao passarem em frente à casa de Sänger, o Espírito batedor executou na cama, à sua maneira, a mesma peça que era tocada na rua".

Considerações Sobre essas Manifestações Musicais

Como se percebe, servindo-se da mediunidade de uma criança de apenas doze anos de idade, o Espírito Batedor de Bergzabern promoveu efeitos musicais notáveis, registrados pelo redator de um jornal da localidade.

Despertavam a atenção a individualidade, a inteligência e a habilidade musical do Espírito, que executava marchas militares ou árias com precisão, atendendo a pedidos dos ouvintes; que acompanhava quem cantava ou assobiava uma ária, produzindo sons de diversos instrumentos; que tinha admiração pelo hino "Grande Deus" e pela can-

Os Espíritos, a Música Celeste e a Música Terrena   45

ção "Napoleão I"; e que acompanhava os acontecimentos locais, como a Semana Santa e a movimentação das tropas puxadas por uma banda de música, registrando a sua presença com suas manifestações musicais.

Assim, as manifestações físicas, inteligentes e musicais dos Espíritos não ocorrem apenas em sessões espíritas, mas também em momentos e circunstâncias completamente inesperados, como os acima mencionados.

BIBLIOGRAFIA: Acima relacionada.

CAPÍTULO IX:
Allan Kardec e as Manifestações Musicais do Espírito O Tambor de Beresina

Allan Kardec, na *Revista Espírita* de julho de 1858, publicou o resultado das manifestações físicas do Espírito O Tambor de Beresina, ocorridas em diversas sessões realizadas em sua casa com a presença de algumas pessoas que tinham o propósito de constatar certas realizações daquele Espírito.

As narrativas de Allan Kardec a respeito das manifestações musicais desse Espírito foram as seguintes:

"Manifestou-se o Espírito por golpes, não batidas pelo pé da mesa, mas na própria contextura da madeira. A troca de idéias que então ocorreu entre os assistentes e o ser invisível não dá margem a dúvidas quanto à intervenção de uma inteligência oculta. Além das respostas a várias perguntas, ora pelo sim, ora pelo não, ou por meio da tiptologia alfabética, os golpes espontaneamente tocaram uma marcha, uma ária, imitaram a fuzilaria, o canhoneiro de uma batalha, o barulho do tanoeiro ou do sapateiro, fazendo eco com admirável precisão etc".

"O Espírito parecia ter uma predileção especial pelo rufo de tambor, pois o tocava a cada momento, independente de pedido. Muitas vezes, em lugar de responder a certas perguntas, tocava a generala ou o reunir".

"Entre os assistentes, além do médium especial de influência física, que produzia as manifestações, havia um excelente psicógrafo que pode servir de intérprete do Espírito. Assim, obtivemos respostas mais explícitas".

Considerações sobre essas Manifestações Musicais

Allan Kardec presenciou e acompanhou em sua própria residência, contando com a presença de algumas outras pessoas, as manifestações musicais produzidas pelo Espírito O Tambor de Beresina.

Foram fenômenos musicais convincentes, que atestaram a intervenção de um Espírito habilidoso em melodias e sons militares, servindo-se das faculdades de médium de efeitos físicos, com esclarecimentos adicionais prestados através de um médium psicógrafo.

As músicas tocadas, os sons produzidos e as condutas inesperadas perante as testemunhas atestaram a independência, a individualidade, a habilidade musical e a inteligência do Espírito. Além disso, as suas interações com as pessoas forneceram provas adicionais incontestes do grau de intervenção e de manifestação física, inteligente e musical que um Espírito pode realizar quando dispõe de médiuns eficientes.

Capítulo X:
Allan Kardec e a Música
de Além-túmulo

Allan Kardec, na *Revista Espírita* de maio de 1859, publicou o seguinte texto com o título de "Música de Além-túmulo":

"O Espírito de Mozart acaba de ditar ao nosso excelente médium, senhor Bryon-Dorgeval, um fragmento de sonata. Como meio de controle, este último o fez ouvir por diversos artistas, sem lhes indicar a origem, mas lhes perguntando apenas o que achavam do trecho. Cada um nele reconheceu, sem hesitação, o cunho de Mozart. O trecho foi executado na sessão da Sociedade de 8 de abril último, em presença de numerosos conhecedores, pela senhorinha de Davans, aluna de Chopin e distinta pianista, que teve a gentileza de nos prestar o seu concurso. Como elemento de comparação, a senhorinha de Davans executou antes uma sonata que Mozart compusera quando vivo. Todos foram unânimes em reconhecer não só a perfeita identidade do gênero, mas ainda a superioridade da composição espírita. A seguir, com o seu talento habitual, a mesma pianista executou um trecho de Chopin".

"Não poderíamos perder esta ocasião para invocar os dois compositores, com os quais tivemos a seguinte palestra".

As Revelações dos Espíritos Mozart e Chopin Sobre a Música de Além-túmulo

Na palestra que Allan Kardec manteve com os Espíritos Mozart e Chopin, obteve as seguintes revelações acerca da música existente no além-túmulo:

PERGUNTA DE ALLAN KARDEC AO ESPÍRITO MOZART: "A música do mundo que habitais pode comparar-se à nossa?"

ESPÍRITO MOZART: "Tereis dificuldades de compreender. Temos sentidos que ainda não possuís".

PERGUNTA DE ALLAN KARDEC AO ESPÍRITO CHOPIN: "Como considerais as vossas obras musicais?"

ESPÍRITO CHOPIN: "Eu as prezo muito. Mas entre nós fazemo-las melhores; sobretudo as executamos melhor. Dispomos de mais recursos".

PERGUNTA DE ALLAN KARDEC AO ESPÍRITO CHOPIN: "Quem são, pois, os vossos executantes?"

ESPÍRITO CHOPIN: "Temos às nossas ordens legiões de executantes, que tocam as nossas composições com mil vezes mais arte do que qualquer de vós. São músicos completos. O instrumento de que se servem é a própria garganta, por assim dizer, e são auxiliados por uns instrumentos, espécies de órgãos, de uma precisão e de uma melodia que, parece, não podeis compreender".

PERGUNTA DE ALLAN KARDEC AO ESPÍRITO MOZART: "Teríeis a bondade de explicar o que acaba de dizer Chopin? Não compreendemos essa execução por Espíritos errantes?"

ESPÍRITO MOZART: "Compreendo o vosso espanto. Entretanto, já vos dissemos que há mundos particularmente destinados aos seres errantes, mundo que eles podem habitar temporariamente, espécies de bivaques, de campo de repouso para esses espíritos fatigados por uma longa erraticidade, estado que é sempre um pouco penoso".

Em nota inserida no final do artigo sobre a "Música de Além-túmulo", Allan Kardec comunicou ao público que o fragmento da sonata ditada pelo Espírito de Mozart acabava de ser publicado e encontrava-se à disposição para compra.

Considerações sobre as Revelações dos Espíritos Mozart e Chopin

A análise das informações acima apresentadas nos leva às seguintes deduções:

✓ O Espírito Mozart demonstrou que a sua habilidade de compor música não se perdeu com a morte do corpo material.

✓ O Espírito Mozart encontrou na excelente mediunidade do senhor Bryon-Dorgeval a oportunidade de chamar a atenção para a imortalidade e a comunicabilidade da alma, ao ditar um fragmento de sonata que teve grande repercussão junto ao público.

✓ As revelações feitas pelos Espíritos Mozart e Chopin sobre a música de além-túmulo surpreenderam o próprio Allan Kardec, ao terem afirmado: que os homens têm grandes dificuldades de compreender a música celeste por falta de sentidos apropriados; que os Espíritos fazem e executam músicas melhores que os homens, pelos recursos que estão à sua disposição; que os compositores desencarnados contam com legiões de executantes de suas músicas; e que os músicos desencarnados possuem a voz e instrumentos que permitem a execução com arte, precisão e beleza.

Capítulo XI:
Allan Kardec, a Morada dos Eleitos e a Música nas Festas dos Bons Espíritos

Allan Kardec, na *Revista Espírita* de abril de 1860, publicou diversos Ditados Espontâneos dos Espíritos, obtidos através de diferentes médiuns. Entre eles constou a comunicação lida na Sociedade Espírita intitulada "A Morada dos Eleitos", de autoria de Um Espírito Amigo.

Nesse texto psicografado pela senhora Desi..., estão os seguintes ensinamentos sobre a vida na esfera superior do mundo espiritual, bem como a existência da música celeste, cuja harmonia agrada sentidos muito apurados:

A Música Celeste na Morada dos Eleitos

"Ó homens! Como sois pequenos, comparados aos Espíritos desprendidos da matéria, que planam nos espaços ocupados pela glória do Senhor! Felizes os que forem chamados a habitar os mundos onde a matéria é quase apenas um nome: onde tudo é etéreo e translúcido; onde não se escutam mais os passos. A música celeste é o único ruído que chega aos sentidos, tão perfeitos que captam os menores sons, desde que estes se chamem harmonia! Que leveza a de todos os seres amados por Deus! Como percorrem deliciados essas regiões encantadas, que são o seu asilo! Ali, não há mais discórdias, inveja ou ódio; o amor tornou-se o laço destinado a unir entre si todos os seres criados. E esse amor, que lhes enche o coração, só tem Deus como limite: o fim e no qual se resumem: a fé, o amor e a caridade".

A Música Celeste nas Festas dos Bons Espíritos

Allan Kardec, na *Revista Espírita* de maio de 1861, publicou ainda a dissertação do Espírito Felícia, recebida pela médium senhora Cazemajoux, de Bordéus, contendo a revelação surpreendente de que existem festas na recepção dos bons Espíritos que deixam a vida terrena; e que essas festas são animadas por músicos que cantam melodias maravilhosas e deslumbrantes:

"Também temos nossas festas e isto acontece com freqüência, porque os bons Espíritos da Terra, nossos bem-amados irmãos, despojando-se de seu invólucro material, nos estendem os braços e nós vamos, em grupo inumerável, recebê-los à entrada da estância que, daí em diante, vão habitar conosco."

"(...) Aqui reinam a alegria, a paz, a concórdia; cada um está contente com a posição que lhe é designada e feliz com a felicidade de seus irmãos. Então, meus amigos! Com esse acordo perfeito, que reina entre nós, nossas festas têm um encanto indescritível. Milhões de músicos cantam em liras harmoniosas as maravilhas de Deus e da Criação, com acentos mais deslumbrantes que vossas mais suaves melodias. Longas procissões aéreas de Espíritos volitam como zéfiros, lançando sobre os recém-chegados nuvens de flores cujo perfume e variadas nuanças não podeis compreender. Depois, o banquete fraterno a que são convidados os que com felicidade terminaram suas provas, e vêm receber a recompensa de seus trabalhos. Oh! Meu amigo, tu desejarias saber mais, mas a vossa linguagem é incapaz de descrever essas magnificências".

Considerações sobre a Música Celeste nas Esferas Habitadas pelos Bons Espíritos

Como se percebe facilmente pelas revelações acima apresentadas, a música celeste faz parte da vida dos Bons Espíritos que, pelos seus méritos morais e espirituais conquistados ante as provas da jornada terrena, mereceram a recompensa de habitar as esferas superiores da vida espiritual onde reinam o amor, a paz, a concórdia, a alegria e a felicidade.

CAPÍTULO XII:
Allan Kardec e as Manifestações Musicais dos Espíritos fora de Paris

As manifestações musicais dos Espíritos não ocorreram somente em Paris, onde o Espiritismo tinha o seu principal ponto de estudo e de difusão.

Em Constantinopla

Allan Kardec, na *Revista Espírita* de julho de 1861, publicou a carta recebida do senhor Repos, advogado em Constantinopla, contendo, inclusive, as manifestações musicais dos Espíritos que ocorriam naquela localidade:

"As manifestações por nós obtidas até hoje são o soerguimento das mesas, das quais uma, de mais de 100 quilos, ergue-se como uma pluma acima de nossas cabeças; golpes diretos, batidos por Espíritos; transporte de objetos etc. Tentamos as aparições dos Espíritos, visíveis para todos. Conseguiremos? Eles nos prometeram e nós esperamos. Já temos um grande número de médiuns escreventes; outros fazem desenhos; outros ainda compõem trechos de música, mesmo quando ignoram essas artes. Vimos, seguimos e estudamos diversos Espíritos de todos os gêneros e qualidades. Alguns de nossos médiuns têm visões e êxtases; outros, mediunizados, executam árias ao piano, inspirados pelos Espíritos. Duas senhoritas que nada viram ou leram sobre o magnetismo, magnetizam toda espécie de males, pela ação dos Espíritos, que as fazem agir da mais científica das maneiras".

Sobre essa carta, Allan Kardec escreveu o seguinte a respeito da música dos Espíritos em Constantinopla:

"Esta carta acompanhava um desenho representando uma cabeça de tamanho natural, muito corretamente executado, embora o médium não soubesse desenhar; e um trecho de música, palavras, canto e acompanhamento de piano, intitulado Espiritualismo. (...) No trecho de música, só o canto e a letra foram obtidos por via mediúnica. O acompanhamento foi feito por um artista".

A Música do Espírito Mozart em Bordéus

Allan Kardec, na *Revista Espírita* de novembro de 1861, publicou o resultado de sua viagem espírita a Bordéus. No artigo intitulado "O Espiritismo em Bordéus", mencionou o seguinte a respeito dos médiuns, da música e do desenho espíritas:

"Encontramos em Bordéus muito numerosos e muito bons médiuns em todas as classes, de todos os sexos e idades. (...) Entre os médiuns que vimos, um há que merece menção especial. É uma jovem de dezenove anos que, à faculdade de escrevente, alia a de médium desenhista e músico. Ela anotou mecanicamente, sob o ditado de um Espírito, que disse ser Mozart, um trecho de música que não o desacreditaria. Assinou-o, e várias pessoas, que viram os seus autógrafos, afirmaram a perfeita identidade da assinatura. Mas o trabalho mais belo é, sem contradita, o desenho".

Considerações Sobre essas Manifestações Musicais

Dessa forma, as observações de Allan Kardec acerca das manifestações inteligentes dos Espíritos, através de diferentes médiuns, não se restringiram a Paris. Os relatos vinham de muitas outras partes do mundo, contendo inclusive as manifestações musicais, propiciando ao Codificador da Doutrina dos Espíritos material farto para as suas análises e conclusões que fortaleceram o Espiritismo.

Capítulo XIII:
Allan Kardec e a Importância dos Bons Médiuns nas Manifestações Musicais dos Espíritos

Allan Kardec, na *Revista Espírita* de fevereiro de 1865, tratou de uma questão muito oportuna:

"Por que os Espíritos dos grandes gênios, que brilharam na Terra, não produzem obras-primas por via mediúnica, como fizeram em vida, desde que sua inteligência nada perdeu?"

Em sua resposta pormenorizada a essa questão, Allan Kardec incluiu os seguintes argumentos valiosos relativos à descrença de alguns homens nas manifestações artísticas dos Espíritos:

"Antes de tudo, há que ver a utilidade das coisas. Para que serviria isto? Dirão que para convencer os incrédulos. Mas que se os vêem resistindo a mais palpável evidência, uma obra-prima não lhes provaria melhor a existência dos Espíritos, porque a atribuiriam, como todas as produções mediúnicas à super-excitação cerebral. Um Espírito familiar, um pai, uma mãe, um filho, um amigo, que vem revelar circunstâncias desconhecidas do médium, dizer essas palavras que vão ao coração, prova muito mais que uma obra-prima que poderia sair do próprio cérebro. Um pai, cujo filho que chora, vem atestar a sua presença e a sua afeição, não fica mais convencido do que se Homero viesse fazer uma nova Ilíada, ou Racine uma nova Fedra? Por que, então, lhes pedir prodígios de força, que espantariam mais do que convenceriam, quando eles se revelam por milhares de fatos íntimos ao alcance de todos?"

Em seguida a essas sábias considerações, Allan Kardec publicou as mensagens dos Espíritos Erasto e Um Espírito Protetor, ditadas respectivamente através dos médiuns senhor D'Ambel e senhorita M.C., contendo os seguintes esclarecimentos sobre a importância dos Espíritos contarem com bons médiuns para que as suas manifestações inteligentes sejam convincentes:

"Afirmai ousadamente que as comunicações recebidas por Delphine de Girardin, Auguste Vaquerie e outros estavam à altura do que se tinha o direito de esperar dos Espíritos que se comunicavam por eles. Nessas ocasiões, infelizmente muito raras em Espiritismo, as almas dos que queriam comunicar-se tinham à mão bons, excelentes instrumentos, ou antes, médiuns cuja capacidade cerebral fornecia todos os elementos de palavras e de pensamentos necessários à manifestação dos Espíritos inspiradores. Ora, na maior parte das circunstâncias em que os Espíritos se comunicam, os grandes Espíritos, bem entendido, estão longe de ter sob a mão os elementos suficientes para a emissão de seu pensamento na forma, com a fórmula que eles lhe teriam dado em vida. É isso um motivo para não receber suas instruções? Certo que não! Porque se algumas vezes a forma deixa a desejar, o fundo é sempre digno do signatário das comunicações". Erasto.

"Que pode fazer um bom músico com um instrumento detestável? Nada. Então! Muitos, senão a maioria dos médiuns, são para nós instrumentos muito imperfeitos. Compreendei que em tudo é necessário similitude, assim

Os Espíritos, a Música Celeste e a Música Terrena   63

nos fluidos espirituais, como nos fluidos materiais. Para que os Espíritos adiantados possam se vos manifestar, necessitam de médiuns capazes de vibrar com eles em uníssono; do mesmo modo, para as manifestações físicas, é preciso que os encarnados possuam fluidos materiais da mesma natureza que os dos Espíritos errantes, tendo ainda ação sobre a matéria". Um Espírito Protetor.

Considerações sobre as Revelações Acima

Como se vê, a grandeza da manifestação inteligente de um Espírito, inclusive musical, está em relação direta com o poder e a perfeição do instrumento mediúnico que tem à sua disposição para manifestar o seu talento e a sua capacidade intelectual e moral.

Capítulo XIV:
Allan Kardec e o Extraordinário Caso da Música do Rei Henrique III

Allan Kardec, na *Revista Espírita* de julho de 1865, reproduziu um caso muito interessante de música ditada por um Espírito. Esse caso havia sido publicado no "Grand Journal" de 4 de junho de 1865, contendo os seguintes detalhes principais:

O Senhor N. G. Bach

"Todos os editores e amantes da música de Paris conhecem o senhor N. G. Bach, aluno de Zimmermann, primeiro prêmio de piano do Conservatório, no concurso de 1819, um dos nossos mais estimados e mais honrados professores de piano, bisneto do grande Sébastien Bach, cujo nome ilustre leva com dignidade".

A Espineta

"A 4 de maio último, o senhor Léon Bach, que é um curioso e um artista, trouxe a seu pai uma espineta admiravelmente esculpida. Depois de longas e minuciosas pesquisas, o senhor Bach descobriu, numa prancha interna, o estado civil do instrumento; data do mês de abril de 1564 e foi fabricada em Roma".

"O senhor Bach passou uma parte do dia na contemplação de sua preciosa espineta. Nela pensava ao se deitar; quando o sono lhe cerrou as pálpebras ainda pensava".

"Não é, pois, de espantar que tenha tido o seguinte sonho:"

A Manifestação do Espírito Durante o Sono

"No mais profundo de seu sono, o senhor Bach viu aparecer à cabeceira do leito um homem com uma longa barba, sapatos arredondados na ponta, com grandes laços no rosto, um calção muito grande, um jaleco de mangas colantes com pregas no alto, um grande colarinho e com um chapéu pontudo e de abas largas".

"Esse personagem curvou-se sobre o senhor Bach e lhe disse isto:"

"A espineta que possuis me pertenceu. Muitas vezes me serviu para distrair meu senhor, o rei Henrique III. Quando ele era muito moço, compôs uma ária com palavras, que gostava de cantar e que eu lhe tocava muitas vezes. Esta ária e as palavras que compôs em lembrança de uma mulher que encontrou numa caçada e pela qual se apaixonou. Afastaram-na dele; diz-se que foi envenenada e que o rei sofreu uma grande dor. Toda vez que estava triste cantarolava este romance. Então, para o distrair eu tocava em minha espineta uma sarabanda de minha composição, da qual ele gostava muito. Então eu confundia sempre esses dois trechos e não deixava de tocar um após o outro. Vou fazer-te ouvi-los".

"Então o homem do sonho aproximou-se da espineta, deu alguns acordes e cantou a ária com tanta expressão que o senhor Bach acordou em pranto. Acendeu uma vela, olhou a hora, constatou que eram duas da madrugada e não demorou a dormir de novo".

"É aqui que começa o extraordinário".

A Estranha Partitura

"Pela manhã, ao despertar, o senhor Bach ficou muito surpreso ao encontrar sobre a cama uma página de música, coberta com uma escrita muito fina e notas microscópicas. Foi com dificuldade, auxiliado pelo binóculo, pois o senhor Bach é muito míope, que se reconheceu em meio a esses rabiscos".

"Um instante depois o descendente de Sébastien sentou ao piano e decifrou o trecho. O romance, as palavras e a sarabanda estavam exatamente conformes às que o homem do sonho lhe havia feito ouvir durante o sonho!"

"Ora, o senhor Bach não é sonâmbulo; jamais escreveu um único verso em sua vida e as regras da métrica lhe são completamente estranhas".

O Refrão e as Quadras

"Eis o refrão e as três quadras que copiamos do manuscrito. Conservamos a sua grafia que, diga-se de passagem, absolutamente não é familiar ao senhor Bach".

"Perdi aquela
Por quem tinha tanto amor;
Ela, tão bela,
Tinha por mim cada dia
Novo favor
Desejo Novo.
Oh! Sim, sem ela,
Quero morrer!

Um dia durante uma distante, caçada,
Eu avistei-a por primeira vez,
Julgava ver um anjo na baixada
E fui o mais feliz dos reis!

O meu reino daria para vê-la
Inda que fosse por um só instante,
E em humilde cabana poder tê-la
Junto ao meu coração palpitante.

Ora longe de mim, enclausurada,
Levaram-na a passar os seus dias finais.
E enquanto levo aqui a vida amargurada
Ela não mais sente, ela não sofre mais".

Características da Estranha Música

"Neste romance lamentoso, como na sarabanda alegre, que o segue, a grafia musical não é menos arcaica que a grafia literária. As chaves são feitas diferentes das que hoje se usam. O acompanhamento é feito em um tom e o canto em outro. O senhor Bach teve a gentileza de me fazer ouvir os dois trechos, que são uma melodia simples, original e penetrante. Aliás os leitores não tardarão a poder julgá-los com conhecimento de causa. Estão nas mãos dos gravadores e aparecerão na semana corrente, no editor Legouix, Boulevard Poissonnière, n. 27".

Esclarecimentos Prestados pelo Jornal da Estoile

"O jornal da Estoile nos informa que o rei Henrique III teve uma grande paixão por Marie de Clèves, marquesa de

Os Espíritos, a Música Celeste e a Música Terrena   69

Isles, morta na flor da idade, numa abadia, a 15 de outubro de 1574. Não seria a enclausurada a que aludem os versos? O mesmo jornal nos diz que um músico italiano, chamado Baltazarini, veio a França nessa época* e foi um dos favoritos do rei. Teria a espineta pertencido a Baltazarini? Foi o Espírito de Baltazarini quem escreveu o romance e a sarabanda? – Mistério que não ousamos aprofundar!" ALBÉRIC SECOND.

O Interesse de Allan Kardec pelo caso

A esses fatos surpreendentes, Allan Kardec fez os seguintes comentários:

"Depois das palavras, o "Grand Journal" inseriu a música, que lamentamos não poder reproduzir. Mas como atualmente se acha à venda, os amadores terão facilidade em adquiri-la". (...)

"Para não nos lançarmos no campo das hipóteses, digamos, antes de ir mais longe, que o senhor Bach, que não tínhamos a honra de conhecer, teve a bondade de nos vir ver e submeter o original da peça em questão. Assim, pudemos recolher de sua boca todas as informações necessárias ao esclarecimento de nossa opinião, ao mesmo tempo em que ele retificava nalguns pontos o relato do jornal".

Esclarecimentos Adicionais Obtidos

"Tudo se passou no sonho como foi descrito; mas não foi na mesma noite que o papel foi trazido. No dia seguinte o senhor Bach procurava recordar-se da ária que tinha ouvido; sentou-se à espineta e chegou a escrever a música, posto que imperfeitamente. Cerca de três semanas depois, o mesmo indivíduo lhe apareceu uma segunda vez; desta, cantou a música e as palavras, e disse que lhe ia dar um meio para as fixar na memória. Foi então que, ao despertar, encontrou o papel sobre a cama. Tendo-se levantado, tocou a ária em seu instrumento e reconheceu que era mesmo a que tinha ouvido, bem como as palavras, das quais apenas lhe havia ficado uma lembrança confusa".

O Mistério

"Reconheceu também o papel, por lhe pertencer; era uma folha dupla de papel de música comum, sobre uma das faces do qual ele havia escrito, pessoalmente, várias coisas. Esse papel, como muitos outros, estava numa secretária de tampa cilíndrica, posta numa outra peça da casa. Assim, era preciso que alguém o tivesse tirado de lá para trazê-lo para a cama, enquanto dormia. Ora, em casa dele, ninguém do seu conhecimento poderia tê-lo feito. Quem poderia ter sido? Eis o mistério terrível, que o senhor Albéric Second não ousa aprofundar".

"Foi na página limpa que ele encontrou a ária escrita segundo o método e os sinais do tempo. As palavras são escritas com extrema precisão, cada sílaba colocada exatamente sob a nota correspondente. O todo está escrito a lápis. A escrita é muito fina, mas muito clara e legível; a forma das letras é característica: é a que se vê nos manuscritos da época".

O Depoimento Prestado pelo Espírito Baltazarini

Allan Kardec publicou ainda, as seguintes palavras esclarecedoras do Espírito que apareceu ao senhor Bach.

Este músico assistia à sessão de 9 de junho de 1865, da Sociedade Espírita de Paris, quando aquele Espírito manifestou-se através do médium senhor Morin, pronto a responder às perguntas que lhe fossem dirigidas:

O Porquê da Escolha do Sr. Bach

"Para começar respondo à vossa primeira pergunta. O senhor Bach foi escolhido por duas razões: a primeira é a simpatia que me une a ele; a segunda é toda no interesse da doutrina espírita. Situado como está no mundo, sua idade, sua longa carreira tão honradamente cumprida, suas relações com a imprensa e o mundo culto, dele fizeram o melhor instrumento para dar publicidade a fatos que, até hoje, só eram impressos em jornais espíritas. Muitas vezes vos disseram que era chegado o dia em que o Espiritismo, conquistando direito de asilo em toda parte onde há raciocínio, lógica e bom-senso, será aceito mesmo nos jornais que o denegriram".

O Esclarecimento do Mistério

"Eu trouxe ao senhor Bach o papel de música, que tirei de uma peça vizinha de seu quarto, e então a música foi escrita pelo próprio Espírito do senhor Bach, que se serviu de seu corpo como meio de transmissão. Eu escrevi as palavras, pois as conhecia. E a obra assim feita pode considerar-se como completamente espiritual, visto que o senhor Bach, em seu sonho, estava quase que completamente desmaterializado".

A Identidade do Espírito Baltazarini

"Responderei que tendo partido de minha terra que

era Florença, vim à França e fui introduzido na corte por uma princesa que, tendo-me ouvido cantar, quis agradar ao infante, e eu fiquei muito tempo junto a ele a título de músico, mas, na realidade como amigo. Porque ele me quis muito e eu lhe fiz bem. Tendo morrido antes dele então adquiri a certeza de seu apego a mim, pelo pesar que sentiu com a minha morte. Meu nome foi pronunciado aqui: eu era Baltazarini".

Esclarecimentos Prestados pelo Espírito São Bento

Allan Kardec publicou ainda a comunicação dada, no dia seguinte, pelo Espírito São Bento, através da médium senhora Delanne, confirmando e complementando as revelações do Espírito Baltazarini:

"Tendo o Espírito do senhor Bach vivido sob Henrique III, e tendo sido ligado à pessoa do rei, como amigo íntimo, gostava apaixonadamente de ouvir esses versos e, sobretudo, a música. Preferia a espineta aos outros instrumentos. Eis por que o Espírito que lhe apareceu e que é mesmo o de Baltazarini, serviu-se desse instrumento, a fim de trazer o Espírito de Bach à época em que vivia e lhe mostrar, como à ciência, que a doutrina da reencarnação é diariamente confirmada por novas provas. O fato da música só teria sido insuficiente para forçar o senhor Bach a buscar a luz imediatamente. Era-lhe necessário um fenômeno do qual não se pudesse dar conta por si mesmo, uma participação inteiramente inconsciente. Ele devia preconizar a doutrina, contando o fato presente, procurando esclarecer-se quanto à maneira por que se tinha produzido, pedindo a todas as inteligências que com ele e de boa-fé buscassem a verdade. Por sua idade respeitável, sua honrosa posição, sua reputa-

Os Espíritos, a Música Celeste e a Música Terrena   73

ção no mundo e na imprensa literária, é uma das primeiras balizas plantadas no mundo rebelde, porque não se pode suspeitar de sua boa-fé, nem o tratar como louco, como não se pode negar a autenticidade da manifestação".

Esclarecimentos Finais de Allan Kardec

Allan Kardec, na *Revista Espírita* de fevereiro de 1866, deu prosseguimento à interessante história da "Espineta, Ária e Palavras do Rei Henrique III", afirmando que:
• O senhor Bach tornou-se médium escrevente mecânico, no mais absoluto sentido do vocábulo, porque não tinha consciência nem lembrança do que escrevia.
• Um dia o senhor Bach recebeu a revelação surpreendente de que existia um pergaminho no lado esquerdo do teclado da espineta, o qual foi encontrado dobrado, contendo uma quadra escrita com os caracteres da época.
• Através das mediunidades do senhor Bach e do senhor Morin foram esclarecidas as dúvidas sobre o uso da palavra "ma" em vez de "mais" (mas), a variação na escrita e na assinatura do rei Henrique III, e a diferença na escrita do nome Baldazzarini, (em italiano) e Baltazarini (em francês).

Considerações Sobre o caso Acima Transcrito

O caso acima apresentado é realmente interessante e extraordinário. Ele retrata em detalhes as fortes influências que os Espíritos podem exercer sobre certos homens, quando desejam realizar uma manifestação inteligente, mesmo através da música.

No caso dessa manifestação musical em estudo, vários aspectos doutrinários devem ser ressaltados:

✓ A escolha de um músico de renome pelo Espírito, para servir de médium na promoção de sua manifestação musical, visando obter grande repercussão junto ao público.

✓ Os fatos históricos marcantes não se perdem na memória dos Espíritos, como ficou demonstrado com o caso da espineta.

✓ A aparição do Espírito manifestante durante o sono do médium servindo para prestar-lhe esclarecimentos sobre o instrumento musical e para mostrar-lhe a música que havia composto muitos anos atrás.

✓ A manifestação física do Espírito permitiu que a partitura da música e a sua letra fossem escritas com precisão, conservando o estilo antigo de uma época passada.

✓ O próprio médium teve grande dificuldade em explicar o mecanismo do fenômeno espírita ocorrido com a sua participação.

✓ O Espírito compositor da música manifestou-se através de um outro médium psicógrafo para esclarecer a razão do fenômeno musical produzido por ele, pondo fim aos mistérios do caso e tornando clara a sua identidade.

✓ Um outro Espírito superior, São Bento, manifestou-se através de um outro médium para corroborar as informações prestadas pelo Espírito autor da manifestação musical.

NOTA DO AUTOR: Pode parecer que esse fato espírita referente à música recebida em sonho, acima comentado, seja um caso isolado, ocorrido num passado distante. Para contestar essa idéia infundada, relembramos casos recentes, muito conhecidos, ocorridos com o famoso músico Paul McCartney. A música "Yesterday", de sua composição, considerada uma das mais belas, tocadas e gravadas na história da música popular, surgiu de um sonho. Paul ouviu a música enquanto

Os Espíritos, a Música Celeste e a Música Terrena   75

✓   As investigações sérias e úteis dos fenômenos espíritas podem levar ao pleno esclarecimento, como ficou demonstrado com o caso acima colocado em evidência.

---

dormia. Acordou assobiando-a, saiu da cama, foi para o piano, captou-a intuitivamente e anotou a melodia muito original, tendo a impressão de que a música já existia há muito tempo. Além disso, a música "Let It Be" foi composta após Paul ter tido um sonho com sua mãe, que já havia falecido, e no sonho ela lhe disse que "tudo estaria bem".

Capítulo XV:
Allan Kardec e a Música do Espaço

Allan Kardec, na *Revista Espírita* de novembro de 1868, publicou a carta que um jovem lhe escreveu, de Mulhouse, em 27 de março de 1868, contendo a sua experiência marcante com a música do mundo invisível:

"Há cerca de cinco anos – eu não tinha senão dezoito anos e ignorava até o nome do Espiritismo – fui testemunha e objeto de um fenômeno estranho, do qual só me dei conta há alguns meses, depois de haver lido *O Livro dos Espíritos* e *O Livro dos Médiuns*.

"Esse fenômeno consistia numa música invisível, que se fazia ouvir no ar ambiente da sala, e acompanhava o meu violino, no qual tomava lições naquela época. Não era uma sucessão de sons, como os que eu produzia no meu instrumento, mas acordes perfeitos, cuja harmonia era tocante; dir-se-ia uma harpa tocada com delicadeza e sentimento".

"Algumas vezes éramos umas doze pessoas reunidas e, sem exceção, todos ouvíamos. Mas se alguém vinha escutar por curiosidade, tudo cessava e, desde que o curioso partia, o efeito se produzia imediatamente. Lembro-me de que o recolhimento contribuía muito para intensidade dos sons".

"O que havia de singular é que isto só acontecia entre cinco e seis horas da tarde. Entretanto, um domingo, um órgão da Barbária passava diante da casa, cerca de uma hora da tarde, e tocava uma ária que me deixou atento; logo a música invisível se fez ouvir na sala, acompanhando aquela ária".

"Nesses momentos eu experimentava uma agitação nervosa, que me fatigava sensivelmente e até me fazia sofrer; era como uma espécie de inquietude; ao mesmo tempo todo o meu corpo irradiava um calor que se fazia sentir a cerca de 10 centímetros".

"Depois que li *O Livro dos Médiuns* experimentei escrever; uma força quase irresistível levava minha mão da esquerda para a direita num movimento febril, acompanhado de grande agitação nervosa; mas ainda não tracei senão caracteres ininteligíveis".

Allan Kardec publicou ainda as respostas às perguntas que dirigiu a esse jovem para obter explicações complementares sobre o assunto. Além disso, apresentou as seguintes observações e lições muito oportunas:

ESTUDO CUIDADOSO: "Antes de atribuir um fato à intervenção dos Espíritos, há que estudar cuidadosamente todas as suas circunstâncias".

MOTIVOS DA MANIFESTAÇÃO: "Aquele de que se trata aqui tem todos os caracteres de uma manifestação; é provável que tenha sido produzido por algum Espírito simpático ao jovem, com o fito de o trazer às idéias espíritas e de chamar a atenção de outras pessoas para estas espécies de fenômenos".

AÇÃO INDEPENDENTE DOS ESPÍRITOS: "Mas, então, perguntarão, por que esse efeito não se produziu

Os Espíritos, a Música Celeste e a Música Terrena   79

de maneira mais retumbante? Por que, sobretudo, cessou bruscamente? Os Espíritos não têm que dar contas de todos os motivos que os levam a agir. Mas deve supor-se que tivessem julgado o que se passou suficiente para a impressão que queriam produzir. Aliás, a cessação do fenômeno no momento mesmo em que queriam a sua continuação, deveria ter como resultado provar que a vontade do jovem aí não entrava por nada, e que não havia charlatanice".

TESTEMUNHAS DO FENÔMENO: "Essa música era ouvida pelas pessoas presentes, excluído qualquer efeito da imaginação ou de ilusão, bem como de uma história para distrair; além disso, o jovem, não tendo então nenhuma noção do Espiritismo, não se pode supor que sofresse a influência de idéias pré-concebidas; só após vários anos é que ele pôde explicar o fenômeno. Inúmeras pessoas estão no mesmo caso. O Espiritismo lhes traz à memória casos perdidos de vista, que levavam a conta de alucinação e dos quais podem, daí por diante, se dar conta. Os fenômenos espontâneos são que se pode chamar o Espiritismo Experimental Natural".

Considerações Sob o caso Acima Apresentado

Como se vê, as manifestações musicais dos Espíritos ocorreram, na época de Allan Kardec, em locais inimaginados e nas condições e formas mais imprevistas possíveis, dando provas da independência, das faculdades, habilidades e interferências dos Espíritos.

Isso serviu para que o Codificador do Espiritismo encontrasse, nesses fatos espíritas espontâneos, ocorridos fora de seu controle, a confirmação dos princípios espíritas, inclusive sobre a música celeste.

A divulgação que Allan Kardec fazia desses acontecimentos, acrescida de seus comentários e ensinamentos, prestava-se ao fortalecimento da fé raciocinada nos adeptos da Doutrina dos Espíritos e, por outro lado, buscava atingir as idéias preconcebidas dos materialistas e dos que não admitiam a comunicabilidade e as manifestações inteligentes dos Espíritos.

Capítulo XVI:
Allan Kardec e a Visão de Pergolèse

Allan Kardec, na *Revista Espírita* de fevereiro de 1869, reproduziu a história escrita por Ernest Le Nordez e publicada no "Petit Moniteur", de 12 de dezembro de 1868, narrando uma tradição muito antiga e respeitável que ouviu da boca de um velho amigo camponês de Nápoles, acerca de João Batista Pergolèse, (1703 a 1736), compositor italiano de música religiosa e um dos mestres da escola napolitana:

"Na sexta-feira santa, Pergolèse acompanhou a multidão. Aproximando-se do templo, parecia-lhe que uma calma, de há muito por ele desconhecida, se fazia em sua alma e, quando transpôs a porta principal, sentiu-se como que envolto numa nuvem ao mesmo tempo espessa e luminosa".

"Em breve nada mais viu; um silêncio profundo se fez ao seu redor; depois, ante os seus olhos admirados, e em meio à nuvem, na qual até então lhe parecia ter sido levado, viu desenharem-se os traços puros e divinos de uma virgem, inteiramente vestida de branco; ele a viu pousar seus dedos etéreos no teclado de um órgão, e ouviu um concerto longínquo de vozes melodiosas, que insensivelmente dele se aproximavam. A melodia que essas vozes repetiam o enchia de encantamento, mas não lhe era desconhecida; parecia-lhe que esse canto não era senão aquele do qual não tinha podido perceber senão vagos ecos; essas vozes eram bem aquelas que, há longos meses, lançavam a perturbação em sua alma e que, agora, lhe traziam uma felicidade sem par. Sim, esse canto, essas vozes eram bem o sonho que tinha perseguido, o pensamento, a inspiração que inutilmente tinha procurado por tanto tempo".

"Mas, enquanto sua alma, arrebatada no êxtase, bebia a largos sorvos as harmonias simples e celestes desse concerto angélico, sua mão, movida como que por uma força misteriosa, se agitava no espaço e parecia traçar, malgrado seu, as notas que traduziam os sons que o ouvido escutava".

"Pouco a pouco as vozes se afastaram, a visão desapareceu, a nuvem se extinguiu e Pergolèse, abrindo os olhos, viu, escrito por sua mão, no mármore do templo, esse canto de uma simplicidade sublime, que o devia imortalizar, o Stabat Mater, que desde esse dia o mundo cristão inteiro repete e admira".

"O artista ergueu-se, saiu do templo, calmo e feliz e já não inquieto e agitado. Mas nesse dia uma nova aspiração se apoderou dessa alma de artista: ela ouvira o canto dos anjos, o concerto dos céus. As vozes humanas e os concertos terrenos não mais lhe podiam bastar. Essa sede ardente, impulso de um vasto gênio, acabava de esgotar o sopro de vida que lhe restava; e foi assim que aos trinta e três anos, na exaltação, na febre, ou antes, no amor sobrenatural de sua arte, Pergolèse encontrou a morte".

Considerações Sobre o Caso Pergolèse

Allan Kardec, ao publicar a visão, a audição e a escrita da música, ocorridas com o grande músico Pergolèse,

Os Espíritos, a Música Celeste e a Música Terrena   83

numa época em que nem se cogitava em Espiritismo e na grandiosidade de certas manifestações inteligentes dos Espíritos, inclusive com a música celeste, ressaltou como os bons Espíritos encontram circunstâncias tão inesperadas para exercerem suas influências benéficas sobre certos homens de talento.

Os fatos espíritas surpreendentes, como o acima apresentado, geralmente alteram o curso da vida de uma pessoa ou mesmo a história da humanidade. No caso particular de Pergolèse, percebe-se que a inspiração que vinha recebendo produzia apenas vagos ecos mentais, que não eram suficientes para que o notável compositor conseguisse passar para a partitura a linha melódica que lhe era transmitida. Assim, foi necessária, num ambiente propício, a produção de um fenômeno extraordinário: a aparição de um Espírito sublime para executar no teclado de um órgão um concerto angélico, marcado e seguido por vozes melodiosas, harmonias celestes e uma linha melódica encantadora. Então, o compositor conseguiu materializar o que ouvira do canto dos anjos e do concerto dos céus. Isto marcou profundamente a sua vida e engrandeceu a vida e cultura musical dos homens.

CAPÍTULO XVII:
Allan Kardec e as Dissertações do Espírito Rossini Sobre a Música e as Harmonias Celestes

Allan Kardec, na *Revista Espírita* de janeiro de 1869, publicou as explicações que o Espírito Rossini deu, por escrito, através do médium senhor Desliens, em 8 de dezembro de 1868, acerca da situação da música e da boa influência que receberia das crenças espíritas.

Além disso, Allan Kardec, na *Revista Espírita* de março de 1869, publicou, em continuação, as dissertações sobre "A Música e as Harmonias Celestes" que o Espírito Rossini escreveu, em 5 de janeiro de 1869, através do médium senhor Desliens, e em 17 de janeiro de 1869, através do médium senhor Nivard.

As principais considerações do Espírito Rossini, acerca desses temas muito interessantes, são as seguintes:

A Grande Dificuldade que o Espírito Experimentava para Falar aos Homens Sobre a Música Celeste:

"Uma dissertação sobre a música celeste!... Quem poderia encarregar-se disto? Que Espírito super-humano poderia fazer vibrar a matéria em uníssono com essa arte encantadora? Que cérebro humano, que Espírito encarnado poderia captar as suas nuanças variadas ao infinito?... Quem possui a esse ponto o sentimento da harmonia?... Não, o homem não foi feito para tais condições!... Mais tarde!... muito mais tarde!..."

A Impossibilidade de os Homens Compreenderem a Grandiosidade da Música Celeste, Mesmo Obtendo Comparações Com os Elementos Materiais:

"Fora do mundo material, isto é, fora das causas tangíveis, a luz e a harmonia são de essência divina; nós as possuímos em razão dos esforços feitos para adquiri-las. Se comparo a luz e a harmonia, é para melhor me fazer compreender e, também, porque essas duas sublimes satisfações da alma são filhas de Deus, e, por conseqüência, são irmãs".

A Complexidade da Harmonia Celeste:

"A harmonia do espaço é tão complexa, tem tantos graus que eu conheço, e muitos mais ainda, que me são ocultos no éter infinito, que aquele que estiver colocado a uma certa altura de percepções, como que é tomado de admiração ao contemplar essas harmonias diversas, que constituiriam, se fossem reunidas, a mais insuportável cacofonia; ao passo que, ao contrário, percebidas separadamente, constituem a harmonia particular a cada grau".

Os Espíritos, a Música Celeste e a Música Terrena   87

As Variações nas Harmonias Celestes:

"Essas harmonias são elementares e grosseiras nos graus inferiores; levam ao êxtase nos graus superiores. Tal harmonia que fere um Espírito de percepções sutis, deslumbra um Espírito de percepções grosseiras; e quando ao Espírito inferior é dado deleitar-se nas delícias das harmonias superiores, é colhido pelo êxtase e a prece o penetra; o encantamento o arrasta às esferas elevadas do mundo moral; vive vida superior à sua e desejaria continuar a viver sempre assim. Mas quando a harmonia cessa de invadi-lo, desperta, ou se se quiser, adormece. Em todo o caso, volta à realidade de sua situação, e nos lamentos que deixa escapar por ter descido, se exala uma prece ao Eterno, pedindo forças para subir. É para ele um grande motivo de emulação".

Os Efeitos Musicais Celestes

"Não tentarei dar a explicação dos efeitos musicais que produz o Espírito agindo sobre o éter. O que é certo é que o Espírito produz os sons que quer, e não pode querer o que não sabe. Ora, então, aquele que compreende muito, que tem a harmonia em si, que dela está saturado, que goza, ele próprio, o seu sentido íntimo, esse nada impalpável, essa abstração que é a concepção da harmonia, age quando quer sobre o fluido universal que, instrumento fiel, reproduz o que o Espírito concebe e quer. O éter vibra sob a ação da vontade do Espírito; a harmonia que este traz em si se concretiza, por assim dizer; exala-se terna e suave...".

Os Instrumentos de Percepção e Manifestação do Espírito

"Entre vós tudo é grosseiro: o instrumento de tradução e o instrumento de percepção. Entre nós, tudo é sutil: vós tendes o ar, nós temos o éter; tendes o órgão que obstrui e vela; em nós a percepção é direta e nada a vela. Entre vós, o autor é traduzido; entre nós, fala sem intermediário e na linguagem que exprime todas as concepções".

Considerações Sobre as Revelações Acima feitas pelo Espírito Rossini

Como se percebe facilmente, mesmo os Espíritos esclarecidos sobre a arte musical, têm grandes dificuldades em fazer os homens entenderem a música e as harmonias celestes. As condições de vida e as formas de manifestações das faculdades e habilidades são muito diferentes, variando em função das esferas inferior, intermediária e superior que existem no mundo espiritual.

Mas, as dissertações escritas pelo Espírito Rossini vieram juntar-se às inúmeras outras revelações sobre a música celeste feitas por vários Espíritos, através de diferentes médiuns, e em diferentes datas da época da Codificação do Espiritismo, formando um conjunto harmônico, coerente e esclarecedor, que atesta a grandiosa música que a nossa alma irá encontrar, um dia, na vida espiritual.

Capítulo XVIII:
Considerações Gerais sobre as Abordagens Feitas por Allan Kardec relativas à Música Celeste

Allan Kardec, com a publicação das obras maravilhosas que constituíram o Espiritismo, permitiu que entendêssemos, de uma forma muito lógica e clara, não só Deus, a Obra da Criação e as Leis Divinas, mas também a imortalidade da alma, as faculdades dos Espíritos, as realidades existentes na vida espiritual, bem como as suas amplas relações com a vida terrena.

Nesse sentido, demonstrou, inclusive, a existência da música celeste e as influências que os Espíritos exercem sobre os músicos visando colaborarem no engrandecimento da música terrena.

Alguns homens sempre suspeitaram da existência da música no Reino dos Céus e das ações que os Espíritos podiam exercer sobre os compositores terrenos, através das inspirações, para que estes pudessem criar maravilhosas obras musicais.

Porém, com Allan Kardec, esses assuntos mereceram inúmeras abordagens sérias e consistentes, conforme vimos nos Capítulos antecedentes.

A Ponta do Iceberg

Em *O Livro dos Espíritos*, Questão 251, o tema "música celeste" foi tratado de uma forma muito surpreendente: os Espíritos superiores revelaram que a música celeste possui uma harmonia de que os homens não conseguem fazer uma idéia precisa, por falta de sentidos e de percepções adequadas.

Ela é muito mais sublime, suave, encantadora e bela do que a música terrena, a ponto de não poderem ser comparadas. Embora isso, cada Espírito a compreende e a aprecia de acordo com o seu grau de elevação e de aprimoramento em suas faculdades.

Os Espíritos que ainda estão apegados e condicionados às coisas terrenas, conservam o seu gosto pela música terrena, até que consigam compreender ou perceber as maravilhas existentes na vida espiritual superior.

A Reafirmação da Existência da Música Celeste

No caso da jovem musicista e médium, que achava impossível a existência de música no mundo invisível, de forma que os Espíritos não podiam exercer ações sobre os músicos terrenos, os bons Espíritos encontraram uma forma inusitada de provar que as suas crenças estavam erradas.

Eles agiram no sentido de promover o desprendimento de sua alma do corpo material, através do sono sonambúlico. Então, permitiram-lhe alcançar as regiões sublimes do mundo espiritual, podendo apreciar a música e as harmonias celestes, a ponto de entrar em êxtase.

A Influência dos Espíritos Sobre os Músicos Terrenos

No caso da representação da ópera Oberon, à qual Allan Kardec assistia ao lado de um excelente médium vidente, ficou constatada uma participação ativa dos Espíritos no desempenho dessa peça artística.

Eles podiam inspirar os cantores, protegê-los, dirigi-los e estimular suas forças e energias, para influírem nos resultados do espetáculo.

Dessa forma, Allan Kardec fortaleceu a crença antiga de que os artistas não ficam sem resposta aos apelos que fazem aos bons Espíritos para que os fortaleçam e os ajudem a obter sucesso em suas apresentações e realizações artísticas públicas.

As Manifestações Físicas dos Espíritos Através do Senhor Daniel Dunglas Home

No caso do médium, senhor Daniel Dunglas Home, que servia de instrumento para as manifestações físicas inteligentes e ostensivas dos Espíritos, ficou comprovado que os Espíritos serviam-se de pianos ou acordeons para produzirem sons melodiosos, sem que houvesse o contato das mãos para mover as teclas ou o fole.

Nessas manifestações inteligentes dos Espíritos, os instrumentos tocavam sozinhos, sendo as músicas executadas com maestria, por músicos invisíveis muito talentosos.

As Manifestações do Espírito Batedor de Bergzabern

No caso do Espírito Batedor de Bergzabern, a sua especialidade era a execução de marchas militares, com exatidão, embora também fizesse o acompanhamento para as músicas que eram cantadas por pessoas que estavam presentes em suas manifestações físicas inteligentes.

As Manifestações do Espírito O Tambor de Beresina

No caso do Espírito O Tambor de Beresina, cujas manifestações físicas se deram em sessões realizadas na casa de Allan Kardec, contando com a presença de outras pessoas, foram tocadas marchas e árias, com uma predileção especial para o rufo de tambor.

A Música do Espírito Mozart

No caso da manifestação musical do Espírito Mozart, através do médium senhor Bryon-Dorgeval, foi composto um fragmento de sonata, que mereceu execuções públicas para a constatação do estilo e gênero musical do compositor desencarnado, ficando constatada a superioridade da sua composição feita no mundo espiritual.

Reafirmações da Existência da Sublime Música Celeste

Quanto a outras reafirmações e comprovações por parte dos Espíritos sobre a existência de música no mundo espiritual, vimos:

Os Espíritos, a Música Celeste e a Música Terrena   93

✓ O surpreendente resultado das palestras que Allan Kardec manteve com os Espíritos Mozart e Chopin.

✓ O ditado espontâneo de Um Espírito Amigo, através da médium senhora Desi..., falando da música celeste na morada dos eleitos;

✓ E a dissertação do Espírito Felícia, feita através da médium senhora Cazemajoux, de Bordéus, revelando que os bons Espíritos da Terra são recebidos em festas de boas-vindas por músicos que cantam em liras harmoniosas as maravilhas de Deus e da Criação, com acentos mais deslumbrantes que as mais suaves melodias terrenas.

As Manifestações Musicais em Constantinopla

No caso das manifestações dos Espíritos em Constantinopla, relatadas pelo advogado senhor Repos, trechos de música foram compostos por médiuns que ignoravam essa arte; enquanto outros executavam árias ao piano, inspirados pelos Espíritos.

A Manifestação do Espírito Mozart em Bordéus

No caso da manifestação do Espírito Mozart, em Bordéus, uma jovem médium de dezenove anos anotou, mecanicamente, um trecho de música composto por aquele Espírito, que o assinou com uma letra que comprovava uma perfeita identidade com a que era do músico na vida terrena.

O Surpreendente Caso da Espineta

No caso extraordinário da espineta ganhada de presente pelo senhor Bach e do seu recebimento, de forma inconsciente e inimaginável, de uma ária composta em homenagem ao rei Henrique III, e executada com freqüência pelo seu músico italiano chamado Baltazarini, houve uma grande repercussão pública.

Assim, Allan Kardec interessou-se pelo caso e esmiuçou todos os detalhes e aspectos dessa interferência notável dos Espíritos no mundo da música, chamando a atenção para até onde podem chegar as manifestações inteligentes e musicais dos Espíritos.

As Manifestações Musicais Inesperadas em Mulhouse

No caso do jovem de Mulhouse, que tomava lições de violino e executava músicas na presença de diversas outras pessoas, uma música provinda do invisível passou a soar no ambiente de sua sala, acompanhando-o com acordes perfeitos, uma harmonia tocante e sons executados com independência, delicadeza e sentimento. Só bem mais tarde esse jovem entendeu, com o conhecimento do Espiritismo, que se tratava de uma manifestação inteligente de um Espírito amante da música.

O Surpreendente Caso Pergolèse

No caso da visão, audição e escrita mecânica de uma música por parte de Pergolèse, ficou demonstrada até que ponto pode chegar uma interferência física surpreendente dos Espíritos.

Através de um fenômeno espírita extraordinário, eles influíram na vida musical do famoso compositor, transmitindo-lhe uma melodia que retratava a grandiosidade das harmonias celestes.

Os Esforços do Espírito Rossini

Finalmente, nas dissertações do Espírito Rossini, acerca da música e das harmonias celestes, percebeu-se, mais uma vez, a enorme dificuldade que os Espíritos têm, apesar dos conhecimentos musicais que possuem e dos esforços que fazem, para descrever aos homens a magnitude da maravilhosa arte musical que existe nas esferas superiores da vida espiritual.

Conclusão da Primeira Parte deste Trabalho

Portanto, como vimos, Allan Kardec, ao analisar, desvendar e publicar muitos casos, foi o precursor dos estudos espíritas sobre as revelações e manifestações dos Espíritos, inclusive acerca da música celeste e das suas interferências na música terrena, via inspirações aos músicos e compositores.

Allan Kardec inseriu em suas magistrais obras, que constituíram o Espiritismo, os casos surpreendentes anteriormente revistos e comentados. Assim, comprovou, de um modo notável e irrefutável, as manifestações inteligentes dos Espíritos e a realidade que existe na vida espiritual, a qual a alma do homem vai encontrar, quando de seu retorno à vida verdadeira.

BIBLIOGRAFIA: Inserida em cada capítulo para facilitar a consulta.

SEGUNDA PARTE:

As Revelações, Manifestações e Influências Musicais dos Espíritos, após Allan Kardec

CAPÍTULO I:
Léon Denis e a Música do Céu

Léon Denis deu prova de extraordinária cultura espírita ao elaborar o excelente livro *No Invisível: Espiritismo e Mediunidade*, cuja primeira edição foi publicada na França, em 1901.

Léon Denis reuniu nesse notável livro não só suas pesquisas e valiosas experiências pessoais, mas também todo o progresso que o Espiritismo experimentou desde Allan Kardec, nos campos da mediunidade e das manifestações físicas e inteligentes dos Espíritos.

Graças ao seu vastíssimo conhecimento espírita, Léon Denis discutiu, de uma maneira muito sábia, abrangente, consistente e séria, os princípios e as teorias da Doutrina Espírita. Comparou-os com as contribuições notáveis que haviam sido oferecidas, até então, por competentes e ilustres pesquisadores dos Estados Unidos da América e da Europa: professor Flournoy, da Universidade de Genebra, no livro *Espíritos e Médiuns*; Oliver Lodge, reitor da Universidade de Birmingham e membro da Real Academia; J. Hyslop, professor da Universidade de Colúmbia, Nova Iorque; coronel A. De Rochas, no livro *Extériorisation de la sensibilité*; Dr. Baraduc, no livro *A alma humana, seus movimentos, suas luminosidades*; Camille Flammarion, no livro *O Desconhecido e os Problemas Psíquicos*; o professor Charles Richet, da Academia de Medicina de Paris; William Crookes, no livro

Investigações sobre os fenômenos do Espiritualismo; A. Russel Wallace, no livro *Os Milagres e o Moderno Espiritualismo*; Alexander Aksakof, no livro *Animismo e Espiritismo*; D'Espérance, no livro *No País das Sombras*; Gabriel Dellanne, nos livros *Investigações sobre a mediunidade, A Alma é Imortal, A Evolução Anímica, Les Apparitions des Vivants et des Morts*; doutor Paul Gibier, diretor do Instituto Anti-Rábico de Nova Iorque e membro do Museu de História Natural, no livro *Espiritismo ou Faquirismo Ocidental*; professor Frederic Myers, da Universidade de Cambridge, no livro *Human Personality* e na *Revue Scientifique et Morale du Spiritisme*; professor César Lombroso, da Universidade de Turim, no livro *Hipnotismo e Espiritismo*; doutor Ochorowicz, professor da Universidade de Varsóvia; R. Dale Owen, no livro *Região em Litígio*; doutor Cyriaux, diretor da *Spiritualistiche Blaetter*, de Berlim; Eugène Nus, no livro *Choses de l'autre Monde*; juiz J. W. Edmonds, da Corte Suprema de Nova Iorque, no livro *Spiritualism*; Ema Hardinge, no livro *History of Modern American Spiritualism*; Carl du Prel, de Munique, nos livros *Universal Bibliothek der Spiritism* e *Der Spiritismus*; Louis Gardy, no livro *Le Médium D. Home*; senhor A. Vassalo, no livros *Nel mondo degl'Invisibili* e *A Mediunidade e a Teoria Espírita*; doutor Morsélli, professor de Psicologia na Universidade de Gênova, na *Revue des Études Psychiques*; barão de Guldenstubbé, no livro *La réalité des Esprits et le phénomène de leur écriture directe*; condessa Wachtmeister, no livro *Le Spiritisme et la Théosophie*; o reverendo Stainton Moses, pastor da Igreja Anglicana, nos livros *Psychography, Ensinos Espiritualistas* e *Spirit Identity*; M. Sage, no livro *Madame Piper et la Société Anglo-americaine des Recherches Psychiques*; doutor Geley, no livro *L'être subconscient*; Florence Marryat, no livro *Le Monde des Esprits*; coronel H. L. Olcott, no livro *Gens de l'Autre Monde* ou *People from the other World*; Ernesto Bozzano, em *Annales des Sciences*

Os Espíritos, a Música Celeste e a Música Terrena 101

Psychiques; dentre muitos outros.

A Música Através da Mediunidade da Senhora Tamlin

Léon Denis, no Capítulo XIV: "Visão e Audição Psíquicas no Estado de Vigília", do livro de sua autoria citado, abordou a questão da música proveniente do mundo dos Espíritos. Então, mencionou a seguinte experiência muito interessante ocorrida com a médium senhora Tamlin:

"Em certos médiuns, o sentido psíquico pode apreender as vibrações mais sutis do pensamento dos Espíritos e mesmo perceber as penetrantes harmonias dos espaços e dos mundos, os concertos dos Espíritos celestes. A faculdade de audição se torna, às vezes, extensiva a todas as pessoas presentes".

"Em sua *História do Espiritualismo na América*, a senhora Hardinge-Britten refere que a senhora Tamlin foi, nesse país, o primeiro médium por cuja intervenção se ouviram árias tocadas em instrumentos invisíveis com a maior perfeição. Os sons variavam, desde os mais intensos aos mais graves. Em certos momentos, dir-se-ia serem os acordes de uma harpa eólea. Parecia que os sons se iam transformar em voz humana de esquisita doçura".

"Esses fatos se repetiam depois em meios muitíssimo diversos".

A Música nas Sessões Promovidas por Jessé Shepard

Ainda discorrendo sobre a música produzida pelos

102   Geziel Andrade

Espíritos, Léon Denis escreveu:

"Durante as célebres sessões dadas por Jessé Shepard em todas as grandes capitais e em presença de vários soberanos, como nas do Dr. Sant'Ângelo, em Roma, ouviram-se coros celestes e os acordes de múltiplos instrumentos invisíveis. Solos, que eram entoados, permitiam reconhecer as vozes de cantores ou cantoras falecidos". "(Ver "Mind and Matter" de 10 de novembro de 1883; "Revue Spirite", de abril de 1884, páginas 228 e 231)".

As Inspirações dos Espíritos dadas aos Grandes Mestres da Música Terrena

Léon Denis, em seguida, levou o assunto para as influências que os Espíritos podem exercer sobre os grandes compositores da música terrena, através de inspirações:

"Quase todos os grandes compositores são sensitivos, médiuns auditivos ou inspirados. Seus próprios testemunhos em tal sentido são dignos de fé".

O Caso Beethoven:

"Encontram-se em Goethe (*Cartas a um Filho*) as seguintes particularidades acerca de Beethoven:

"Beethoven, referindo-se à fonte de que lhe provinha a concepção de suas obras-primas, dizia a Betina: "Sinto-me obrigado a deixar transbordar de todos os lados as ondas de harmonia provenientes do foco da inspiração. Procuro acompanhá-las e delas me apodero apaixonadamente; de novo me escapam e desaparecem entre a multidão de distrações que me cercam. Daí a pouco, torno a aprender com ardor a inspiração; arrebatado, vou multiplicando todas as modulações, e venho por fim a me apropriar do primeiro

Os Espíritos, a Música Celeste e a Música Terrena   103

pensamento musical. Vede agora: é uma sinfonia..."

"Tenho necessidade de viver só comigo mesmo. Sinto que Deus e os anjos estão mais próximos de mim, na minha arte, do que os outros. Entro em comunhão com eles, e sem temor. A música é o único acesso espiritual nas esferas superiores da inteligência".

"Em seguida a haver composto suas mais suaves harmonias, exclamava ele: – "Tive um êxtase"."."

O Caso Mozart:

"Mozart, por sua vez, numa de suas cartas a um amigo íntimo (Essa carta foi publicada na *Vida de Mozart*, por Holmes, Londres, 1845), nos inicia nos mistérios da inspiração musical:

"Dizes que desejarias saber qual o meu modo de compor e que método sigo. Não te posso verdadeiramente dizer a esse respeito, senão o que se segue, porque eu mesmo nada sei e não mo posso explicar".

"Quando estou em boas disposições e inteiramente só, durante o meu passeio, os pensamentos musicais me vêm com abundância. Ignoro donde procedem esses pensamentos e como me chegam; nisso não tem a minha vontade a menor intervenção".

"No declínio de sua vida, quando já sobre ele se estendia a sombra da morte, em um momento de calma, de perfeita serenidade, ele chamou um de seus amigos que se achavam no quarto: "Escuta – disse ele – estou ouvindo música". O amigo lhe respondeu: "Não ouço nada". Mozart, porém, tomado de arroubo, continua a perceber as harmonias celestes. E seu pálido semblante se ilumina. Cita depois o testemunho de S. João: "E eu ouvi música no céu!".

"Foi então que compôs o seu "Requiem". Logo que o

concluiu, chamou sua filha Emelia e lhe disse: "Vem, minha Emelia, minha tarefa está terminada: meu "Requiem" está concluído!" Sua filha cantou algumas estrofes; depois, quando terminou, demorando-se nas notas melancólicas e profundas do trecho, voltou-se docemente a procurar o sorriso aprobativo de seu pai, mas só encontrou o sorriso calmo e repousado da morte. Mozart não era mais deste mundo". "(Allan Kardec, na *Revue Spirite*, de 1859, página 123, reproduz a seguinte comunicação do Espírito Mozart sobre a música celeste: "Vós na Terra fazeis música; aqui toda a Natureza faz ouvir melodiosos sons. Há obras musicais e meios de execução de que os vossos não podem sequer dar uma idéia").

O Caso Massenet

"Massenet, a propósito de seu poema sinfônico "Visões", interpretado em Leeds, em 1898, escrevia estas linhas reproduzidas pelo *Light*, de Londres, 1898:

"Há alguma coisa de mais ou menos experimental nesta composição, e eu desejo que os primeiros que a ouvirem não formem a seu respeito uma idéia falsa. Vou referir-vos a história da sua gênese. Há muito tempo viajava eu no Simplon. Tendo chegado a um pequeno hotel, situado em meio das montanhas, tomei a resolução de aí passar alguns dias numa tranqüilidade absoluta".

"Instalei-me, pois, para gozar um pouco de repouso; mas na primeira manhã, enquanto estava sentado, sozinho, em meio desse majestoso silêncio das montanhas, escutei uma voz. Que cantava ela? Não sei. Mas sempre essa voz espiritual, estranha, me ressoava aos ouvidos, e eu fiquei absorto em um sonho, nascido da voz e da solidão das montanhas".

Considerações de Léon Denis Sobre os Casos Massenet e Mozart

"Massenet e Mozart recebiam, pois, as inspirações do exterior, independentemente de sua vontade".

"Pode-se dizer que a intervenção do Alto, a comunhão do Céu e da Terra se afirmam de mil modos na concepção do pensamento e do gênio, para a vitória do belo e a realização do ideal divino".

"É esta uma verdade de todos os tempos. Até agora foi imperfeitamente compreendida. Mas a luz se faz, e, dentro em pouco, a Humanidade se adiantará, mais cheia de confiança, por essa via fecunda. A comunhão entre os mortos e os Espíritos inspiradores tornar-se-á mais efetiva, mais consciente, e com isso ganhará em vigor e amplitude a obra humana".

As Experiências de Eugênio Nus

Léon Denis, no Capítulo XVII: "Fenômenos Físicos: As Mesas", do mesmo livro citado, comentou as experiências que Eugênio Nus reuniu em seu livro *Choses de l'autre Monde*. Então, incluiu o seguinte trecho que se refere inclusive à música composta por um Espírito, servindo-se de uma mesa:

"Por mais vontade que tivéssemos de nos limitar ao papel de experimentadores, não nos era possível permanecer indiferentes às afirmações desse interlocutor misterioso que exibia e impunha sua estranha personalidade com tanto vigor e independência, superior a todos nós, pelo menos na expressão e na concentração das idéias, não raro nos descerrando perspectivas de que cada um confessava de boa-fé não ter tido jamais a intuição".

"A mesma mesa compôs melodias. Ouviu-lhe Felicien

David a execução e ficou encantado. Entre outras havia: O canto da Terra no Espaço; o canto do mar; a melodia do vento; o canto do satélite lunar; o canto de Saturno, de Júpiter, de Vesta; a Adoração etc".

A Música nas Aparições e Materializações de Espíritos

Léon Denis, no Capítulo XX: "Aparições e Materializações de Espíritos", do seu livro citado, registrou as seguintes ações dos Espíritos, inclusive sobre instrumentos musicais:

"Em certas sessões, na presença de médiuns dotados de considerável força psíquica, vêem-se formar mãos, rostos, bustos e mesmo corpos inteiros, que têm todas as aparências de vida: calor, tangibilidade, movimento. Essas mãos nos tocam, nos acariciam ou batem; mudam de lugar os objetos e fazem vibrar os instrumentos de música; esses rostos se animam e falam; esses corpos se movem e passeiam por entre os assistentes. Pode-se agarrá-los, palpá-los; depois, eles se desvanecem num repente, passando do estado sólido ao fluídico, após efêmera duração".

As Experiências do Doutor Bayol

Ainda neste mesmo Capítulo "Aparições e Materializações de Espíritos", Léon Denis cita as experiências realizadas pelo Dr. Bayol e publicadas na "Resenha do Congresso Espírita e Espiritualista de 1900". Entre elas consta a seguinte execução de música por um Espírito:

"Estaríamos alucinados?" – interroga o Dr. Bayol. "Éramos, algumas vezes, dezenove, e creio que é difícil alucinar-se um velho colonial como eu".

"Mais tarde, em Eyguières, Acella se tornou visível e

Os Espíritos, a Música Celeste e a Música Terrena   107

deu uma impressão do rosto em parafina, não em côncavo, como costumam ser os moldes, mas em relevo. Produziram-se depois transportes, chuvas de pétalas de rosa, de folhas de figueira e louro, que enchiam os bolsos do narrador. Foi ditado um poema em idioma provençal, e desferidas melodias num bandolim, sem contacto aparente".

Considerações Sobre as Manifestações Musicais dos Espíritos, Contidas no Livro — "No Invisível"

Léon Denis, em seu excelente trabalho espírita, reuniu valiosas provas das manifestações físicas e inteligentes dos Espíritos, inclusive utilizando-se da música.

Dessa forma, reafirmou, de um modo muito sério e consistente, os princípios do Espiritismo estabelecidos por Allan Kardec.

Especificamente sobre a existência da música celeste e as influências musicais dos Espíritos sobre os compositores, via inspiração ou manifestações inteligentes, Léon Denis legou-nos as seguintes contribuições, corroborando as constatações feitas pelo Codificador do Espiritismo:

• Certos médiuns têm a faculdade de servir de instrumento para as manifestações musicais dos Espíritos. Assim, enchem de surpresa e admiração as pessoas que estão presentes na reunião espírita.

• Os Espíritos podem promover suas manifestações musicais tocando com perfeição musicas conhecidas ou não.

• Em algumas manifestações musicais, os Espíritos fazem as pessoas ouvir solos, coros celestes e acordes harmônicos executados em instrumentos invisíveis.

• A ação dos Espíritos pode se dar também sobre os compositores terrenos, que são influenciados e inspirados de modo a realizarem seus trabalhos musicais de forma inusitada ou imprevista. Esta é uma realidade que pode ser constatada em diversos depoimentos pessoais dados por esses artistas.

• Alguns Espíritos podem apresentar composições de músicas inéditas, surpreendendo os homens pela sua arte e beleza.

• Em algumas sessões de aparições e materializações de Espíritos, as pessoas podem ver e ouvir instrumentos musicais sendo tocados por mãos invisíveis, atestando o talento, a habilidade e a inteligência do músico invisível.

BIBLIOGRAFIA: DENIS, Léon. **No Invisível: Espiritismo e Mediunidade.** 12ª. Edição. Brasília: Federação Espírita Brasileira. 1987.

NOTA DO AUTOR: Caso o prezado leitor tenha o interesse em conhecer em detalhes como os Espíritos conseguem produzir sons, vozes, cantos e músicas nas sessões de efeitos físicos, rigorosamente controladas por pesquisadores idôneos e sérios, recomendamos a leitura do livro *As Materializações de Fantasmas: A penetrabilidade da matéria e outros fenômenos psíquicos,* de autoria do Dr. Paul Gibier (1851-1900), publicado no Rio de Janeiro, em 2001, pelas Edições CELD.

Capítulo II:
Ernesto Bozzano e a
Música Transcendental

O Espiritismo teve, na Itália, um ilustre pesquisador, defensor e propagador: Ernesto Bozzano, nascido em Gênova, em 1862.

A sua Conversão para o Espiritismo

A sua conversão de materialista positivista intransigente para o Espiritismo começou com a análise das investigações sérias e dos fatos cientificamente expostos e rigorosamente documentados de transmissões de pensamento a grandes distâncias, aparições de fantasmas dotados de existência real e casas assombradas, contidas na revista *Annales des Sciences Psychiques,* fundada pelo professor Charles Richet e dirigida pelo Dr. Dariex.

Em seguida, dedicou-se ao estudo profundo, a uma catalogação, classificação e comparação ordenadas dos fatos espíritas contidos nas obras de Aksakof, Kardec, Delanne, Denis, D'Assier, Nus, Crookes, Brofferio, Du Prel, Dale Owen, Sargent, De Morgan, Dr. Wolfe, Harding-Britten, Howtt e Sra. Spper.

O resultado prático desse trabalho consistente e persistente foi a completa reformulação de suas crenças

110 Geziel Andrade

positivistas e materialistas e a aceitação e a adoção dos princípios da Doutrina Espírita.

Os Trabalhos Sérios de Pesquisa e Divulgação

O passo seguinte foi a dedicação incansável às investigações experimentais e à prática da mediunidade e das manifestações dos Espíritos, fazendo-as com método e seriedade de propósitos. Para isso, aliou-se aos senhores Dr. Venzano, Carlos Peretti, Vassallo e Morselli, que contavam com as boas disposições de médiuns de efeitos físicos e intelectuais, notadamente Eusapia Palladino. Dessas experiências importantes surgiu seu primeiro livro espírita *Hipótese Espírita e Teorias Científicas*.

Em decorrência dessa sua conversão para o Espiritismo, seguiram-se cerca de 40 anos de estudos, experimentações perseverantes e publicações de monografias e livros espíritas, assentados na realidade e na verdade dos fatos.

Conselho aos Iniciantes dos Estudos Espíritas

Em 1928, escreveu a sua autobiografia, contendo o seguinte conselho aos estudantes dos fenômenos espíritas:

"Todo aquele que, em lugar de se transviar em discussões ociosas, realize investigações científicas profundas sobre os fenômenos metapsíquicos, persistindo nisso durante largos anos e acumulando grande quantidade de fatos, analisando-os com métodos científicos, acabará, forçosamente, por adquirir a convicção de que os fenômenos metapsíquicos constituem um conjunto maravilhoso de provas que convergem todas para a demonstração, rigoro-

Os Espíritos, a Música Celeste e a Música Terrena   111

samente científica, da existência e sobrevivência da alma".
(Fonte: Notas Autobiográficas do Autor, contidas no livro
Fenômenos Premonitórios, de Edições CELD).

A Publicação de Livros Espíritas

A estratégia que Ernesto Bozzano adotou em defesa e
propagação do Espiritismo foi a infatigável pesquisa, elaboração e publicação de livros e monografias, contendo
fatos, casos e provas que atestavam, de um modo inequí-
voco, tanto a sobrevivência da alma, quanto a comunicabilidade dos Espíritos, através dos médiuns.

Seus argumentos eram consistentes e lógicos. Defen-
dia as teses espíritas com base em provas experimentais,
em depoimentos de pessoas idôneas e na exposição e na
análise profunda dos inúmeros casos que reuniu compro-
vando a realidade dos fatos e fenômenos espíritas.

Com isso, desestruturou quaisquer idéias preconcebidas e calou os ataques infundados dos opositores da Doutrina Espírita.

O Estudo dos Fenômenos Psíquicos que Ocorrem no Momento da Morte

Entre os seus trabalhos valiosíssimos publicados em
prol da causa espírita, Ernesto Bozzano publicou, em 1922,
o extraordinário livro *Fenômenos Psíquicos no Momento da
Morte*, contendo dezenas de casos que mostravam as percepções extra-sensoriais que se abrem para certas pessoas
em certos momentos de suas vidas, mas notadamente no
momento da morte do corpo material.

Foi com extrema perspicácia e sabedoria que, na
Terceira Parte desse livro, Ernesto Bozzano analisou 30

casos envolvendo especificamente a ocorrência de Música Transcendental. A audição dessa música pode se dar em lugares e em ocasiões mais inesperadas possíveis.

A síntese, a seguir apresentada, visou reunir os depoimentos mais interessantes que atestam a existência da música celeste e as influências musicais que os Espíritos podem exercer sobre certas pessoas em circunstâncias totalmente inesperadas:

A Música Transcendental:

POR OCASIÃO DA MORTE

1) "Seu marido aproximou-se por último, a fim de lhe dar e receber o derradeiro adeus. Ele a encontrou em plena posse de suas faculdades intelectuais. Começou ela por dizer-lhe:"

" — Newton (era o nome do marido) não chores, porque eu não sofro e tenho a alma confiante e serena. Amei-te sobre a Terra; amar-te-ei ainda depois de minha partida. Espero vir a ti, se isso me for possível; não o podendo, velarei do céu por ti, por meus filhos, esperando a vinda de todos. Agora, o meu maior desejo é ir-me embora... Vejo várias sombras que se agitam em torno de nós... todas vestidas de branco... Escuto uma deliciosa melodia... Oh! Eis aqui minha Sadie! Está perto de mim e sabe perfeitamente quem sou". (Sadie era uma filha que ela havia perdido dez anos antes.)" "(Caso escrito pelo Dr. Paul Edwards, em abril de 1903, ao diretor da "Light", que o publicou)".

2) "Repentinamente, ela mudou de conversa e, dirigindo-se a mim, perguntou:"

" – Notas essas doces vozes que cantam?"

"Respondi que nada ouvia e a enferma acrescentou:"

" – Já as tenho percebido muitas vezes, hoje. Não

Os Espíritos, a Música Celeste e a Música Terrena   113

duvido que sejam anjos que vêm desejar-me as boas-vindas para o céu. O que é estranho é que, entre estas vozes, há uma que estou certa de conhecer, mas não me posso lembrar donde".

"E, de repente, interrompendo-se e indicando um ponto sobre minha cabeça:"

" – Olha, ela está no canto do quarto; é Júlia X...; agora se dirige para cá, inclina-se sobre ti, eleva as mãos, orando. Olha, já se vai...". "(Caso extraído do volume XXX, página 32 dos "Proceedings of the S. P. R." no qual um coronel irlandês narra os acontecimentos que envolveram a morte de sua própria mulher)".

NOTA SOBRE JÚLIA X...: "Minha mulher morreu a 2 de fevereiro de 1884, às 5,50 da manhã. Durante as últimas horas de vida cantou sem cessar. Isso foi 10 minutos antes de morrer. Posto que sua voz tivesse sido sempre bela, nunca me pareceu ela tão deliciosa como nesse momento supremo". "(Assinado: Henry Webley, marido de Júlia)."

3) "Uma vez, disse ela:"

" — Ó papai, não ouves esta música celeste? São os anjos que cantam. Não a ouves? E no entanto devias ouvi-la, porque o quarto está cheio inteiramente dela. Percebo o coro de anjos que cantam. Ó, quantos! Que multidão! Eles são muitos mil. Como são gentis, prestando-se a cantar para uma criança como eu!". (Caso da pequena Daisy Dryden, extraído do livro *Aparições de Defuntos no Leito de Morte* de autoria de Ernesto Bozzano)".

4) "Às duas horas da madrugada meu pai entrou em agonia; dois minutos depois (minha mãe tinha visto a hora), começou-se a ouvir do lado exterior da janela, que está no andar superior da casa, maravilhoso canto que fez

114 Geziel Andrade

acordar em minha mãe a lembrança de um jovem cantor da Igreja de S. Paulo".

"A voz parecia vir de cima e afastar-se para o céu, como um eco da música do paraíso".

"Perceberam-se, então, três ou quatro vozes que cantavam, em coro, um hino triunfal de alegria".

"O canto continuou até às 2,10 – isto é, durante 8 minutos – depois, enfraqueceu gradualmente até extinguir-se. Meu pai se finou ao mesmo tempo que o canto". (...)

"Havia lá também a enfermeira, que era uma mulher prática e positiva, além de normal. Quando a manifestação musical cessou, dirigiu-se ela a minha mãe – que não lhe queria falar a respeito do que tinha sucedido – e lhe disse:"

" — A senhora ouviu também os anjos cantarem? Eu bem me apercebi disso, porque a vi olhar duas vezes, com surpresa, para a janela. E se não fossem os anjos, que podia ser? Ouvi dizer que os anjos cantam, algumas vezes, quando morrem pessoas muito boas, mas é a primeira vez que ouço o canto". "(Caso apresentado pelo professor Arthur Lovell à "Light", que o publicou em 1912, na página 324)".

Beira da Morte

"À meia-noite, levantou-se, abriu os olhos e perguntou donde vinha aquela música deliciosa. Repetiu a frase muitas vezes, acrescentando que nunca tinha ouvido música tão bela e perguntou se a percebíamos".

"Meu amigo me disse que este sinal era precursor da morte; eu fui da mesma opinião; mas tal não aconteceu. O doente continuou a escutar a música transcendental, fazendo-lhe ainda alusões, muitas vezes. Em seguida, acabou por adormecer. Quando acordou estava muito melhor e não tardou entrar em convalescença. Vive ainda...". "(Caso relatado por E. W.. Barnet ao professor

Hyslope e publicado no "American Journal of the S. P. R.", de 1918, página 628).

Para Anunciar o Falecimento de um Entequerido

"Estas três pessoas estavam sozinhas no apartamento, quando ouviram, de repente, tocar piano no salão. Muito intrigada, minha irmã toma a lâmpada, vai à sala, e vê, perfeitamente, algumas notas se abaixarem juntas, fazerem ouvir sons e levantarem-se".

"Ela volta e conta o que observou".

"Todos se riram com sua história, vendo no caso, a princípio, efeitos de algum rato".

"Como, porém, a testemunha é dotada de vista excelente e, por nenhuma forma supersticiosa, acharam, por fim, estranhável o fato".

"Ora, oito dias depois, uma carta de Nova York faz-nos saber a morte de um velho tio que habita nessa cidade. Mas, fato mais interessante, três dias depois da chegada dessa carta, o piano pôs-se novamente a tocar. Como da primeira vez, uma notícia de morte nos chegava oito dias depois: — a de minha tia, desta feita". "(Caso extraído do livro *L'Inconnu*, de Camille Flammarion, e contado pelo pintor suíço Edouard Paris)".

Em um Velório

"Os primeiros acordes, muito harmoniosos, só foram percebidos pelos pais da menina morta, os quais supuseram houvesse um organista no aposento ao lado. Pouco a pouco, os acordes aumentaram de sonoridade e de força, transformando-se em ondas musicais cheias de sentimento, invadindo todo o lugar sagrado, com ritmos e temas bem definidos".

"Em seguida, eles enfraqueceram lentamente e pareceram extinguir-se em um eco longínquo; só quando as pompas fúnebres terminaram – isto é, alguns minutos depois – é que os assistentes se aperceberam de que o artista invisível não existia em parte alguma, nem no templo nem em torno dele". "(Caso ocorrido em Oakland, Nebraska, nos Estados Unidos e publicado na "Light", em 1921, página 622)".

Em Reunião Espírita

"A obra de E. W. Capron – *Modern Spiritualism* – publicada em 1855, ensina-nos que, com a presença do médium particular o senhor Tamblim, ouviam-se ressoar as notas de um instrumento musical inexistente e que acompanhava o canto de pessoa que fazia parte do grupo".

"Conta o Sr. Capron:"

"Uma senhora foi convidada a cantar; logo se ouviu, acompanhando o canto, uma deliciosa música. Assemelhavam-se as notas às de uma harpa, sendo, porém, muito mais doces; ser-nos-ia impossível descrever-lhes a tonalidade. Outras vezes parecia uma voz angélica; dir-se-ia que se tratava de uma linguagem espiritual".

"Em outras ocasiões era o próprio médium que, sem conhecer música, assentava-se ao piano e improvisava maravilhosas melodias, desenvolvendo extraordinária técnica como se fora experimentado concertista...". "(Citado por Emma Hardinge, em *Modern American Spiritualism*, pág. 57)".

Os Espíritos, a Música Celeste e a Música Terrena   117

Em Contato com a Natureza

1) "Quando Miss Lamont se achava no bosquezinho, percebeu a música de uma orquestra composta de violinos; esta música parecia vir do lado do palácio; eram ondas intermitentes de sons muito doces e a tonalidade mais baixa que a empregada hoje. Miss Lamont pôde apanhar doze compassos". "(Extraído da página 94 do livro *Na Adventure*).

2) "Olhei para as árvores; elas estavam imóveis; o som, entretanto, aumentava rapidamente e a tal ponto que o ar, nesse vale solitário, parecia vibrar poderosamente".

"Um sentimento estranho de expectativa, quase de medo, me havia invadido. Nenhuma folha se agitava no bosque quando, instantaneamente, esse zumbido formidável se transformou em um canto coral, um hino grandioso, cantado por milhares de vozes; ele se espalhou rapidamente, de uma colina a outra, perdendo-se ao longe, na planície, como o eco de um trovão".

"Como em certos prelúdios melódicos tocados pelo órgão, as notas se superpunham com lentidão e arte majestosas, grupando-se, em seguida, em temas; depois, o coro maravilhoso, cantado por inúmeras vozes, acabou por estas palavras: Vivat terrestriae!".

"Toda a atmosfera foi invadida pelo canto formidável que parecia deslizar rapidamente pela superfície do solo em ondas potentes, sem eco, sem repercussão".

"Depois disso, das profundezas dos céus ressoou uma voz possante, penetrante, insinuante, cheia de doçura celeste. Muito mais forte que um som do órgão ou de qualquer outro instrumento terrestre, essa voz sobre-humana parecia lançar-se em linha reta, através do firmamento, com a instantaneidade de uma flecha".

118 Geziel Andrade

"Enquanto a grande voz ressoava no alto, aumentando de força, o coro terrestre se extinguia gradualmente, deixando-a dominar no céu. Por sua vez, então, decompôs-se em fragmentos de melodias celestiais, infinitamente diversas das da Terra; dir-se-iam acentos vibrantes de vitória e de júbilo, enquanto as palavras Vivat Coelum retiniam muitas vezes, cada vez mais fracamente, como se se retirassem rapidamente para as profundezas do céu, no meio dos abismos estrelados. E o silêncio não tardou a reinar de novo em torno de mim".

"Eu estava, incontestavelmente, acordado; meu pensamento não divagava em reflexões ou fantasias capazes de sugestionar-me. Como se poderia produzir semelhante fato? Como podem nossas faculdades cerebrais gratificar-nos com visões ou audições tão inesperadas, superiores ao nosso saber? Por que estas palavras latinas? Quem foi o autor dessa música paradisíaca, que me seria tão difícil criar como fora compor um poema em sânscrito? " (Depoimento do escritor e poeta norte-americano Bayard Taylor, publicado no "Journal of the American S. P. R.", de 1920, página 373)".

Em Igrejas

1) "Há quinze anos, encontrava-me em Paris e, uma tarde, já ao cair da noite, fui à Igreja da Madalena. Lá não havia mais de uma dúzia de fiéis, e eu me ajoelhei ao lado de uma mulher do povo, que trazia um cesto de legumes".

"De repente, ouvi um canto muito melodioso, composto somente de vozes, mas eu não conseguia determinar-lhe a proveniência. Era uma melodia que parecia formar-se ali mesmo e elevar-se em ondas que enchiam a ambiência sagrada; uma bela voz, cheia de sentimento, dominava todas as demais". (...) Entretanto, o coro continuava a ressoar sob

Os Espíritos, a Música Celeste e a Música Terrena   119

a vasta abóbada da igreja. E eu continuei a escutar; apressei-me em seguida a ir para o meu hotel, onde transcrevi imediatamente os compassos principais que constituem o tema do meu último romance para canto: Love's Fadeles Rose". "(Caso ocorrido com a senhora Nita O'Sullivan-Beare, compositora e executante, e extraído da *The Occult Review* de março de 1921)".

2) "Por estranha e inexplicável causa, na igreja de que sou vigário percebe-se o som prolongado de um órgão. Conheço três casos desta audição".

"No primeiro a música foi percebida por muitos membros da família do Coronel Frosser, de Bromyard, quando eles passavam na ponte reservada aos peões, contígua à igreja. Todos a ouviram e supuseram que o organista da igreja fazia exercícios no instrumento; mas, pouco depois, souberam que nem ele nem ninguém tinha penetrado na igreja, nesse dia".

"O órgão era americano e fora depois substituído pelo atual harmônio".

"Ora, na tarde de um sábado, quando me achava no jardim do vicariato, ouvi o harmônio tocar, e, supondo que a mulher encarregada da limpeza da igreja tivesse permitido ao filho divertir-se com o instrumento, apressei-me a entrar no templo para proibir a brincadeira".

"Enquanto atravessava o jardim continuei a ouvir a música, que cessou bruscamente quando cheguei a alguns passos do cemitério contíguo à igreja. Encontrei a porta desta devidamente fechada a chave; entrei e não vi ninguém".

"Outra vez, ouvi o som do harmônio quando atravessava, a cavalo, o prado d'Avenbury. Tocava-se música sagrada, que continuei a ouvir durante o tempo gasto em percorrer, na minha montaria, uma centena de

120 Geziel Andrade

metros. A música cessou, repentinamente, quando cheguei junto à igreja". "(Depoimento de Archer Sheper, vigário de Avenbury, Condado de Herefordshire, publicado na "Light" em 1919, página 310)".

Em Casa

"No ângulo vizinho da porta de meu quarto se fazem ouvir as notas de um canto extremamente melancólico; são notas reais, muito suaves e penetrantes; chega um momento, entretanto, em que as últimas notas se prolongam e transformam em gemidos desesperados de agonia. Depois, o silêncio. E todos esses sons e ruídos se produzem perto de alguma divisão entre os quartos e nunca perto das paredes mestras ou exteriores da casa". "(Narração da senhora Vata-Simpson, publicado nos *Proceedings of the S. P. R.*, volume III, página 126)".

Em Ruínas

"Depois de por muito tempo haver contemplado as ruínas da igreja de Nossa Senhora, passamos para a de S. Pedro, admirando esses belos restos góticos do século XIV".

"Afastara-me um pouco dos outros, quando ouvi, de repente, ressoar um coro composto de numerosas vozes de homens, que pareciam vir de um espaço livre à nossa esquerda, onde alguns pedaços de muro indicavam o lugar em que outrora estivera o coro".

"Era um canto melodioso e solene, que me era familiar. Lembro-me de haver logo pensado: Trata-se, necessariamente, de um ludíbrio de minha imaginação. Procurava, pois, desviar as minhas idéias, quando ouvi meu pai exclamar:"

" – Olhe os monges cantando em coro!"

Os Espíritos, a Música Celeste e a Música Terrena   121

"Imediatamente cessou a música, que só teve para mim a duração de instantes".

"Fiquei de tal modo impressionada com o estranho fato, que preferia convencer-me de que nada tinha ouvido; isso, porém, não era possível, porque os que me acompanhavam tinham ouvido como eu. Todos reconhecemos haver percebido um coro de vozes cantando as Vésperas, isto é, salmos em latim". "(Caso relatado por Ernestine Anne, em 28 de julho de 1915, e publicado no "Journal of the S.P.R.", página 118, volume XVII)".

Em Cemitério

"Na tarde de 18 de julho de 1888, com uma atmosfera tépida e tranqüila, estava eu assentada, com uma senhora de idade, perto da capela de nosso pequeno cemitério, encravado em nossas propriedades da Escócia e muito longe dos caminhos comunais".

"Em meio à conversa, interrompi-me, dizendo:"

" – Quem é que está cantando, não ouve?"

"Era um coro de muito belas vozes, como nunca ouvi; dir-se-ia o coro sagrado de uma catedral, mas só teve a duração de alguns segundos".

"A velha nada ouvira e eu não insisti, supondo que ela não fosse forte de ouvido".

"Não fui mais aí até à noite, quando perguntei a meu marido, por acaso:"

" – Quem cantava quando estávamos perto da capela?"

"Esperava que ele me dissesse: – eram camponeses. Ao contrário, com grande espanto meu, respondeu ele:"

"Eu tenho ouvido muitas vezes esse coro; é um canto que costumo ouvir".

"Ora, esta resposta é interessante, porque eu não havia

dito que ouvira um coro de vozes, mas, unicamente, que tinha ouvido cantar".

"E foi, somente então, que me veio a idéia de que estas vozes não deviam ser humanas".

"Nunca escutara nada semelhante, era qual música do paraíso (é a única expressão adequada); e eu não renunciaria, por todo o ouro do mundo, à satisfação de tê-la ouvido". (Caso extraído dos *Proceedings of the S.P.R.*, volume VII, página 304)".

Durante o Sono

"Na ocasião em que estava sujeito a esta experiência, percebi perfeitamente que ouvia uma música "que não era deste mundo". Não me ficou na memória um motivo especial, mas posso afirmar que a música era muito complicada, rica em ritmos, muito doce, e que dava a impressão de homogeneidade inefável, parecendo invadir inteiramente a ambiência".

"Fui acordado pela própria música e fiquei a escutá-la em êxtase". (...) "Todo o gozo intelectual que tenho experimentado em vida com a audição da música terrestre está longe de comparar-se à alegria serena, tranqüila, celeste, que me havia invadido quando escutava essa música transcendental". "(Caso narrado pelo célebre psiquista Doutor R. Hodgson, e publicado no 1º. Volume da obra *Human Personality* de Myers)".

Em Estado de Desprendimento Sonambúlico

"Um dia, quando nada o podia fazer prever, caiu em transe e assim permaneceu por mais de duas horas. Fui visitá-la à tarde, à hora do costume, e os pais me contaram o que se tinha produzido pela manhã".

Os Espíritos, a Música Celeste e a Música Terrena   123

"Hipnotizei-a para obter esclarecimentos a respeito. Eis textualmente sua narrativa:"

"Fui tomada de irresistível necessidade de dormir. Lutei fortemente, em vão, para vencê-la, e perdi os sentidos, ficando, durante muito tempo, em condições comatosas".

"Apesar de não estar o meu espírito muito afastado do corpo, pude ver-me estendida na cama, como me encontro neste momento".

"Minha inteligência estava alhures e não desejava voltar; na nova ambiência em que me achava havia outras inteligências iguais às minhas; foram elas que me obrigaram a entrar em meu corpo. Quanto o lamento! Era tão feliz lá onde estava! Tudo era belo em torno de mim e eu desejaria aí ficar para sempre!"

"Encontrei-me, não sei como, num parque maravilhoso, em que as árvores, majestosas, eram de mil cores; essas cores se combinavam e fundiam com ondas de harmonia celeste, impossíveis de descrever... Minha felicidade não tinha limites, porque a música que eu ouvia era uma música do paraíso. É preciso dizer que todos os sons que se produzem na Terra, compreendidos os que provêm do deslocamento dos objetos, reproduzem-se no mundo espiritual, transformando-se em música universal, grandiosa, de que se não pode fazer nenhuma idéia". "(Caso narrado pelo Dr. Montin, da Faculdade de Medicina de Paris, e publicado na "Light", de 1898, página 347).

Repetida por Diversas Vezes e em Diferentes Ocasiões

1) "Há cerca de 6 anos, o cavalheiro de que se trata e que me autorizou a expor o seu caso, nesta Revista, começou a perceber notas e acordes musicais de natureza melódica absolutamente esquisita".

"Ele é apaixonado pela arte da música, que constitui

sua maior distração, em meio às ocupações severas que o absorvem. Tem ouvido os melhores cantores e as melhores orquestras do Velho Mundo. Não obstante, as harmonias subjetivas que percebe há 6 anos ultrapassam, em beleza, toda audição musical terrestre, à qual ele tenha assistido ou que possa, mesmo, conceber".

"Elas são precedidas por longos e doces acordes, que parecem tocados por cornetas. Seguem-se outros instrumentos e depois outros ainda vêm tecer suas harmonias no concerto, até o momento em que o volume complexo e maravilhoso da onda musical se insinua e domina a tal ponto os sentidos do percipiente, que este se vê prestes a cair em síncope. Sente-se como extasiado e compreende intuitivamente que, se esse estado se prolongasse além de certo limite, a alma se exilaria para sempre do corpo, enlevada com o fluxo encantador dessas harmonias do Éden".

"Essa música não pode, mesmo, ser comparada à deste mundo, ainda que, em seu conjunto, sua tonalidade se aproxime da do violoncelo e do órgão. As árias são sempre elevadas, nobres, majestosas, muito acima de tudo que se pode dizer e têm alguma analogia com a música sacra. Não são nunca alegres e menos ainda vulgares; somente, algumas vezes, pela riqueza e volume dos sons, lembram um pouco certas cenas da grande ópera".

"Logo que a orquestra transcendental preludia uma série de acordes, um coro de vozes maravilhosas, masculinas e femininas, entra em jogo. Por vezes fazem-se ouvir solos; outras vezes são duos ou réplicas corais, com vozes de homem e de mulher. Em certos casos é uma voz de tenor, muito doce, que seduz e comove". "(Caso narrado pela senhora Hester Poole, envolvendo um homem notável no domínio da ciência mecânica americana e publicado na "Light" de 1893, páginas 161).

Os Espíritos, a Música Celeste e a Música Terrena   125

2) "Assim, pois, minha mulher e eu ouvimos esta música nas mais diversas condições de espírito; tanto quando estávamos preocupados ou abatidos como quando nos víamos calmos e serenos; quando passávamos bem ou quando nos sentíamos mal. Essas diferentes circunstâncias não modificavam sua modalidade e ela nos chegava sempre da mesma direção. Isso posto, não nos era possível experimentar a menor dúvida a respeito de sua realidade".

"No segundo período de silêncio, acreditamos que a música tinha cessado definitivamente. Ao contrário: ela recomeçou em fins de janeiro, mudando totalmente de natureza. Não eram mais campainhas que tilintavam, era um concerto de flautas".

"No começo de março, nova mudança; a música tornou-se particularmente melódica; mas não eram mais flautas que tocavam, senão um coro vocal com acompanhamento de instrumentos musicais. Em certo momento, acreditamos ambos haver apanhado algumas palavras do coro; isso foi, porém, num instante apenas".

"A 21 de março, aniversário de minha mulher, a música modificou de novo a sua natureza, tornando-se ainda mais melodiosa e, ao mesmo tempo, produzindo em nós quase que a sensação de medo".

"Nem minha mulher nem eu jamais conseguimos encontrar uma analogia com algum som terrestre, capaz de fornecer uma idéia do que essa música era para nós".
"(Carta do escritor alemão Jean-Henri Von Thunen, dirigida a seu amigo Christian Von Buttel, narrando fatos ocorridos em 1831, e publicada no *Journal of the S. P. R.* volume IX, página 89)".

Considerações Sobre a Música Transcendental Pesquisada por Ernesto Bozzano

Os textos acima apresentados são muito expressivos para provar que existe a música celeste ou transcendental. Ela não é executada e ouvida apenas em sessões espíritas, como muitas pessoas supõem. Ela ocorre em condições e situações muito diversas, como vimos acima, e não apenas quando existe, na sessão espírita, a presença de um médium que serve de instrumento para as manifestações físicas e inteligentes dos Espíritos.

Ernesto Bozzano, com sua extensa coletânea de depoimentos prestados por pessoas idôneas e sérias, e de casos reais tornados públicos, provou, portanto, de um modo irrefutável, que a audição da música transcendental pode se dar em locais e em circunstâncias mais variadas possíveis. Quando ela ocorre na presença de um músico hábil, este consegue anotar em partitura a linha melódica e os acordes majestosos, transformando-a em obra de arte terrena.

O que mais chama a atenção, é que as manifestações musicais dos Espíritos são diversificadas em vozes e instrumentos, grandiosas e sublimes, ocorrendo de uma forma inesperada, isto é, sem a mínima participação, vontade ou controle dos homens.

Ernesto Bozzano, nessa excelente e sólida pesquisa, envolvendo especificamente a música transcendental, não só reafirmou os princípios do Espiritismo, mas deixou as seguintes contribuições valiosas sobre as manifestações musicais dos Espíritos.

Elas ocorrem:

Os Espíritos, a Música Celeste e a Música Terrena   127

• Em sessões espíritas, realizadas com um intermediário ou médium de efeitos físicos, sem que, muitas vezes, haja a presença de um instrumento musical. Outras vezes, na reunião espírita, os instrumentos de música são tocados sem que haja o concurso direto do médium. Em outras ocasiões, o médium participa na execução da música, mas de uma forma puramente automática.

• Em muitos lugares sem que haja a presença de um médium ostensivo. Então, geralmente, por falta de conhecimentos espíritas, as ocorrências das músicas transcendentais são atribuídas a assombrações ou a lugares assombrados, pelas circunstâncias estranhas e diferentes em que ocorrem.

• Na presença de muitas pessoas. Assim, muitas vezes, a música transcendental é ouvida ao mesmo tempo por diversas pessoas, isto é, de forma coletiva, afastando as hipóteses sugestiva, auto-sugestiva e alucinatória.

• Geralmente, no leito de morte ou mesmo depois que houve um falecimento. Estes casos são bastante abundantes. Muitas vezes, o próprio moribundo não participa da audição da música transcendental. Noutras, ele não só ouve a música celeste, como também vê os músicos e a presença de Espíritos familiares ou conhecidos.

• Em alguns casos, com a música transcendental sendo ouvida por dias, meses, anos ou em certas datas fixas. Assim, a execução ocorre claramente por uma vontade, habilidade e intenção independentes da do homem.

• De forma tão majestosa, rica, complexa e inequívoca, que as manifestações supranormais comprovam, sem deixar qualquer margem de dúvida, a tese espírita da existência e da sobrevivência da alma com suas faculdades e da sua comunicabilidade com os homens.

128 Geziel Andrade

BIBLIOGRAFIA: BOZZANO, Ernesto. **Fenômenos Psíquicos no Momento da Morte**. 4ª. Edição. Brasília: Federação Espírita Brasileira. 1990.

Capítulo III:
Conan Doyle e a Música no Outro Lado da Vida

Sir Arthur Conan Doyle foi um dos escritores ingleses mais lidos no mundo, devido principalmente ao sucesso que alcançou a sua série de livros sobre as investigações do detetive Sherlock Holmes. Além disso, publicou outras obras de grande aceitação por parte do público, que tratavam de fatos históricos, contos e novelas.

A Sua Conversão ao Espiritismo

A partir de 1887, após ter estudado profundamente os fundamentos da Doutrina Espírita, converteu-se ao Espiritismo.

Então, passou a ocupar parte de seu tempo com as questões doutrinárias e a realizar pesquisas detalhadas sobre a História do Espiritismo. Isto o levou a estudar de uma forma muito mais abrangente as manifestações físicas e inteligentes dos Espíritos, ocorridas em várias partes do mundo e em diversas épocas, por intermédio de diferentes médiuns. Além disso, tornou-se um notável escritor e propagandista espírita.

O Resultado de sua Pesquisa Sobre a História do Espiritismo

Em seu esforço monumental de estudar e divulgar os fenômenos e os ensinamentos espíritas, passou a elaborar um exaustivo trabalho, que foi publicado em 1926, com o título de *A História do Espiritismo*.

Essa iniciativa pioneira garantiu-lhe o posto de autor da obra mais abrangente do gênero, por conter em detalhes a origem dos fenômenos espíritas modernos, com destaque para o desenvolvimento do Movimento Espírita e os desdobramentos importantes que ele passou a ter com os feitos de poderosos médiuns.

A Música Celeste na Obra de Conan Doyle

A questão da música existente na vida espiritual apareceu apenas no último Capítulo do livro citado, quando o autor tratou do "Depois da Morte visto pelos Espíritas".

Nesse Capítulo, Conan Doyle apresentou um resumo das principais revelações que os Espíritos haviam feito, até então, sobre a existência no outro lado da vida. Nele constou, ao lado de descrições detalhadas, inéditas e surpreendentes, a confirmação de que existe a música celeste. Os trechos abaixo transcritos dão claramente mostra disso:

O Caso de Lester Coltman

"O artista sem arte e o músico sem música seriam figuras trágicas e o que se aplica a tipos extremos deve estender-se a toda a humanidade. Há, de fato, uma sociedade muito complexa, na qual cada um encontra o trabalho

Os Espíritos, a Música Celeste e a Música Terrena 131

a que mais se adapta e que lhe causa maior satisfação. Por vezes há uma escolha. Assim, em *O Caso de Lester Coltman* (by Lilian Walbrook, pág. 34), escreve o estudante morto:

"Algum tempo depois que eu tinha passado, tinha dúvidas sobre qual seria o meu trabalho: se música ou se ciência. Depois de muito pensar, determinei que a música deveria ser um passatempo e minha maior atividade deveria dirigir-se para a ciência em todos os aspectos". (...) "Meu trabalho continuou aqui como tinha começado na Terra, por canais científicos e a fim de prosseguir meus estudos, visitei com freqüência um laboratório que possuía extraordinárias e completas facilidades para a realização de experiências. Tenho a minha casa, extremamente agradável, completada por uma biblioteca com livros de referência – histórica, científica e médica – e, de fato, com todos os tipos de literatura. Para nós tais livros são tão substanciais, quanto os usados na Terra. Tenho uma sala de música, contendo todos os modos de expressão dos sons. Tenho pinturas de rara beleza e móveis de desenho esquisito".

O Caso Publicado em —Thought Lectures From The Spiritualist Reader"

"É muito difícil dizer-vos acerca do trabalho no mundo espiritual. A cada um é designada a sua tarefa, conforme o progresso que haja realizado." (...) "Se tiver muito talento, levá-lo-á à perfeição aqui. Porque se tiverdes talento musical ou qualquer outro, nós os temos aqui e maiores. A música é uma das forças motoras do nosso mundo. Mas, conquanto as artes e os talentos sejam desenvolvidos ao máximo, o grande trabalho das almas é o seu aperfeiçoamento para a Vida Eterna".

O Caso Particular de Conan Doyle

"No Grupo Doméstico do autor, um Espírito íntimo falou de sua vida no além, respondendo à pergunta: "Que faz você?"

" — Ocupo-me de música, de crianças, amando e cuidando de uma porção de outras coisas".

Considerações Sobre a Música no Outro Lado da Vida

Em face das revelações inusitadas e surpreendentes que os Espíritos fizeram nos casos acima apresentados, sobre as suas condições e atividades na vida espiritual, notamos que elas guardam algumas semelhanças com as da vida terrena: ciências, artes, estudos, trabalhos, experiências em laboratório, tarefas que visam à obtenção de maior aperfeiçoamento e habitação em residência equipada com biblioteca, sala de música, pinturas e móveis.

Com essas revelações feitas pelos Espíritos, Conan Doyle concluiu o seu livro remetendo o leitor à seguinte literatura espírita já existente que confirmava os depoimentos acima e dava uma idéia mais clara e sólida de como é a vida no além-túmulo: *Raymond*, de Oliver Lodge; *A Vida Além do Véu*, de Vale Owen; *A Testemunha*, de Mrs. Platts; *O Caso de Lester Coltman*, de Mrs. Walbrook; entre outros".

Além disso, Conan Doyle ressaltou que a leitura das numerosas descrições feitas pelos Espíritos, acerca da vida da alma depois da morte do corpo material, dá ao leitor um maravilhoso conforto. Ele pode verificar como as revelações dos Espíritos são concordes entre si, constituindo um argumento muito sólido em favor da verdade espírita.

Ainda, sem deixar qualquer margem para dúvida, Conan Doyle ressaltou, nesse último Capítulo de seu livro, a

Os Espíritos, a Música Celeste e a Música Terrena 133

existência da música celeste. Este ponto é muito importante para o inquérito espírita que busca a confirmação dessa realidade espiritual.

Adicionalmente, Conan Doyle demonstrou, pelo critério das revelações bastante abrangentes feitas por muitos Espíritos, através de diferentes médiuns, em várias localidades, que existem muitas atividades úteis e uma organização complexa no outro lado da vida. Elas servem de ocupação para os Espíritos e geram grande satisfação para os que já retornaram à vida verdadeira.

Dessa forma, a obra de Conan Doyle, além de registrar em detalhes a história do surgimento e do desenvolvimento das manifestações inteligentes dos Espíritos, analisa as revelações feitas por eles, através de diferentes médiuns. Com isso, confirmou os princípios do Espiritismo e aclarou as condições de vida no além, inclusive mostrando que entre as atividades mantidas pelos Espíritos está a maravilhosa e grandiosa música celeste.

BIBLIOGRAFIA: DOYLE, Arthur Conan. **História do Espiritismo.** 1ª. Edição. São Paulo: Editora "O Pensamento" Ltda.

Capítulo IV:
A Música na Vida Além do Véu

Sir Arthur Conan Doyle deu o seu aval para as revelações espirituais surpreendentes contidas no livro *A Vida Além do Véu*, ao escrever as seguintes palavras na "Introdução":

"Somente de Espíritos puros poderemos obter ensinamentos puros, e, entretanto, esta história do Céu parece-nos a mais completa que as condições dos mortais permitem". (...) "Eu próprio publiquei em dois pequenos volumes uma descrição geral do outro mundo, colhida em grande número de fontes. E era tão independente da do Sr. Vale Owen como a dele é independente da minha. Nenhuma tinha relação possível com a outra. E, no entanto, ao ler esta concepção, muito maior e mais pormenorizada, não encontro um único ponto importante em que eu dela me afastasse. Como poderia dar-se essa concordância nas idéias gerais, se não fosse inspirada na verdade?"

Algumas Palavras Sobre o Médium Vale Owen

Tão surpreendentes eram as revelações e as descrições dos Espíritos feitas sobre *A Vida Além do Véu*, quanto o instrumento mediúnico utilizado por eles para escreverem as mensagens espirituais: o Reverendo G. Vale Owen, vigário de Orford, no Lancashire, na Inglaterra.

Esse sacerdote clássico da Igreja da Inglaterra havia assumido sua vocação religiosa em 1893. Em 1908, fora designado para a paróquia de Orford, onde passou a desenvolver um trabalho intenso e afetivo junto às famílias da localidade, graças à sua gentileza, simpatia, modéstia e espírito prático, amigo e fraterno.

A respeito do desenvolvimento de sua faculdade mediúnica, o próprio vigário escreveu o seguinte, por ocasião da publicação do livro:

"Fez-se mister um quarto de século para que eu me convencesse: – dez anos, de que a comunicação dos Espíritos era um fato, e quinze de que esse fato era verdadeiro e bom".

"Desde o momento dessa convicção, começou a desvendar-se o problema".

"Primeiramente, foi em minha mulher que se desenvolveu o poder da escrita automática. Depois, por seu intermédio, recebi a comunicação de que devia sentar-me, calmamente, com o lápis na mão e receber todos os pensamentos que viessem ao meu espírito, projetados por uma personalidade externa, e não originados do exercício de minha própria mentalidade".

"Relutei longo tempo, convencendo-me, por fim, de que amigos, que estavam próximos, desejavam ardentemente falar-me".

"Eles não forçaram a minha vontade, nem a compeliram por qualquer meio – o que teria resolvido imediatamente a questão, no que me tocava. Iam manifestando os seus desejos cada vez com mais clareza, até que me julguei no dever de atendê-los, certo como estava de que a influência deles era boa".

Os Espíritos, a Música Celeste e a Música Terrena 137

O Espírito Familiar Comunicante

Uma grande surpresa que o Reverendo teve na comunicação com os Espíritos foi a manifestação, por inspiração psicográfica, do Espírito da própria mãe, a senhora Owen, falecida a 8 de junho de 1909, com 63 anos de idade.

Em vida, essa senhora nunca tivera o menor interesse pelas comunicações espíritas; e o seu filho, o Reverendo Vale Owen, jamais tivera o pensamento ou a idéia de que um dia poderia vir a servir de médium para as comunicações com os Espíritos.

A Música Entre as Atividades dos Espíritos

No meio das revelações pormenorizadas e surpreendentes sobre a vida além do véu, – que estavam fora do alcance da imaginação mais fértil que uma pessoa pudesse possuir –, ditadas pelo Espírito da mãe do médium, no período de 23 de setembro de 1913 a 30 de outubro de 1913, estavam as seguintes passagens, que envolviam especificamente a música celeste nas atividades dos Espíritos:

A Música nas Cerimônias Espirituais:

1) "Disseram-nos que ia realizar-se uma cerimônia em uma planície, não muito longe da nossa casa e a que poderíamos assistir". (...) "Para lá nos dirigimos, conforme nos foi ordenado, e encontramos muita gente, vinda de diversas procedências". (...) "A nuvem, ao dissipar-se, deixou-os mais belos do que dantes; e eles permaneceram

138 Geziel Andrade

belos, porque tinham subido a uma esfera de luz mais alta. Entoamos, então, um cântico, acompanhado por instrumentos invisíveis. Era uma cena belíssima, ao mesmo tempo prêmio para os que a tinham merecido e incentivo para os que ainda deviam trilhar o caminho por esses dois já percorrido. A música, segundo me foi mais tarde explicado, partia de um templo fora do círculo, porém não parecia provir de parte alguma. É esta uma propriedade da música, entre nós. Muitas vezes como que se origina do ambiente".

2) "Estenderam todos as mãos e vagarosamente se encaminharam para a montanha; suaves, vinham até nós as suas vozes, que eram em parte um recitativo, e em parte um hino cantado em louvor. Àquele que ali estava, tão belo e tão sagrado, que as ouvimos cheios de silêncio e respeitoso amor. Pouco depois, porém, unimos às deles as nossas vozes e cantamos também, pois, evidentemente, era esse o propósito com que se dirigiam a nós. Enquanto cantávamos, elevou-se entre nós e a montanha uma nuvem de coloração azulada, de curiosíssimo efeito".

A Música Quando em Contato com a Natureza do Mundo dos Espíritos:

"Agora, querido filho, ouça a narração de uma cena que nos alegrou, aqui, nestas regiões de Luz Divina. Vagávamos, havia algum tempo, em belo local arborizado, e conversávamos pouco, pois que a música que nos envolvia nos obrigava ao recolhimento, a religioso silêncio. Na estrada, em nossa frente e em nosso caminho, achava-se um anjo das esferas superiores".

A Música Tem um Salão Reservado dentro da Própria Residência:

"— Então me diga alguma coisa mais sobre a sua vivenda e sobre a sua nova missão".

"Muito bem, procurarei fazê-lo o melhor que puder. É muito bem acabada, interna e externamente. Dentro, possui banheiros, um salão de música e aparelhos registradores do nosso trabalho. É um edifício amplo".

A Música é Empregada na Recepção de Espíritos Recém-chegados da Terra:

"Trabalhavam aí junto a Espíritos recém-chegados, que não haviam ainda compreendido terem atravessado já a linha divisória entre a Terra e o mundo dos Espíritos. Muitos foram esclarecidos e trazidos para aquele ponto, a fim de se poderem reunir a nós e fazerem um voto de agradecimento, antes de irem para as casas que lhes eram destinadas. Tinham diversas idades, pois os velhos ainda não haviam progredido o suficiente para se tornarem novamente moços e vigorosos, e os moços não tinham ainda podido alcançar completo desenvolvimento. Achavam-se possuídos de feliz expectativa, e, ao verem chegar, uns após outros, os grupos dos seus novos companheiros desta vida, observavam com a maior surpresa os seus rostos e as diferentes cores de suas roupagens, segundo a sua ordem de adiantamento. Pouco a pouco fomos todos nos reunindo e ouvimos então as harmonias de doce música que parecia invadir o nosso ser e unificar toda aquela enorme multidão em uma só família".

Existem Colônias Destinadas à Produção de Música e de Instrumentos Musicais:

"O que desejo explicar-lhe é o fim dessas colônias. São exclusivamente destinadas à manufatura da música e de instrumentos musicais. Os que ali vivem ocupam-se do estudo da Música, das suas combinações e efeitos, não só sobre o que se conhece como "som", como também debaixo de outros pontos de vista".

A Música da Terra é Beneficiada com a Inspiração Musical Oferecida Pelos Espíritos:

"Uma casa (ou colégio, porquanto esses edifícios mais se assemelham a colégios do que a fábricas, conforme observei) destinava-se ao estudo do melhor meio de fazer chegar a inspiração musical até àqueles que, na Terra, tinham vocação para compor; outra casa era apropriada àqueles que tinham talento para a execução; outra ainda para o canto, e ainda outra para o estudo especial de música sacra; mais outras para a de música de concertos, para a de música de óperas e assim por diante. O resultado dos estudos é registrado e, aí, a sua função termina. Esses resultados são estudados novamente por uma classe que procura o melhor meio de transmiti-los aos compositores musicais em geral, e então outro grupo se ocupa, propriamente, da sua transmissão através do véu, até à esfera terrestre. Aqui lhes é fornecido o material necessário aos seus esforços, principalmente o que com mais probabilidade lhes possa corresponder à inspiração. Há uma escrupulosa seleção feita por um grupo devidamente educado. Tudo está em perfeita ordem; desde os colégios em redor dos lagos até a igreja ou salão de concertos ou teatro da ópera, como se

Os Espíritos, a Música Celeste e a Música Terrena   141

diz na Terra; há uma cadeia de colaboradores experimentados que estão sempre em atividade, oferecendo à Terra dádivas de música divina. É deste modo que se obtém aí a melhor música... Sim, tem razão. Grande parte da vossa música não procede de nós e outra parte é alterada na sua transmissão. Os trabalhadores destas esferas não têm, porém, culpa disso; a culpa está à porta dos que estão desse lado do véu, e com aqueles deste lado de cá, que pertencem às regiões tenebrosas, aos quais o caráter do compositor proporciona ensejo a que se intrometam com o que parte aqui de nós".

Concertos são Realizados com a Formação de Orquestra e Coral:

"Quando todos se acham a postos, faz-se um verdadeiro concerto. Todos executam, juntos, algum trecho previamente ensaiado. Em uma torre há músicos de uma classe; numa segunda, músicos de outra classe e, numa terceira, cantores. E ainda outra classe de vocalistas. Há muitas classes e não quatro somente, como aí, porém várias classes de vozes. Ainda existem outras torres destinadas a vários trabalhadores, cuja espécie de ocupações não pude apreender".

"Pelo que percebi alguns deles são os peritos em harmonizar o todo ou parte do volume dos sons combinados das diversas torres".

"Desejo chegar à descrição do fato, em si, do concerto, festival, ou como queira chamar. Fomos levados a uma ilha, no centro do lago, e aí, no meio de belíssima paisagem, entre árvores, relvas, flores, terraços e caramanchões com árvores e pequenos esconderijos e assentos de pedra ou madeira, assistimos ao concerto".

"Em primeiro lugar soou um acorde, longo e sustentado, cada vez mais forte, que parecia invadir todo o cenário, as águas e todas as folhas das árvores. Era o diapasão dado aos músicos de todas as torres. Fez-se silêncio. Ficou tudo tranqüilo. Depois, pouco a pouco, foi-se ouvindo a orquestra. Partia de muitas torres; não podíamos porém destacar a proveniência dos sons. A harmonia era perfeita e o equilíbrio dos sons, sublime".

"Em seguida entraram os cantores".

"Não me é possível descrever-lhe, em linguagem terrestre, a música das esferas celestiais".

A Música Tem um Papel Acentuado na Vida Espiritual:

"A música tem acentuado papel nas diversas fases da nossa vida, aqui, e de fato tudo parece música nestas esferas de luz – música, fusão de cores e beleza, transpirando sempre o amor entre todos e amor por Ele, que nos ama como nós não somos capazes de amá-Lo".

A Música dos Espíritos Pode ser, em Parte, Apreciada pelo Espírito Encarnado Durante o Sono:

"Boa noite, querido filho, e lembre-se de que algumas vezes, durante o seu sono, poderemos trazer-lhe o bafejo de algum fraco eco de tal música, em seu ambiente espiritual, o que não será inútil para a disposição da sua mente durante o dia seguinte, nas horas de trabalho".

A Música Torna-se Mais Sublime à Medida que Procede de um Plano mais Adiantado da Vida Espiritual:

"O ato era cheio de graça e esplendor". (...) "Mas depois do abraço e das palavras de bênção, em uma língua que não compreendemos, Castrel inclinou a cabeça perante o outro; depois, erguendo-a, olhou em direção aos muros da cidade e levantou a mão; rompeu, então, a música, instrumental e vocal; os cidadãos entoaram belíssimo hino. Já lhe descrevi o canto em outra região. Este era muito mais sublime, pois estávamos num plano mais adiantado. Seguidos dos visitantes, entraram todos na Cidade por entre as saudações da população, o repinicar dos sinos, a música, e o canto de milhares de pessoas que se achavam nos muros da Cidade".

Considerações sobre as Revelações Surpreendentes Acerca da Música que Existe na Vida Além do Véu

O livro *A Vida Além do Véu*, psicografado pelo Reverendo G. Vale Owen, na Inglaterra, foi um dos primeiros a descortinar, de uma forma muito detalhada, abrangente e jamais imaginada pelos homens, as inúmeras atividades que os Espíritos mantêm.

E, nessa vida verdadeira – revelada como "a Terra aperfeiçoada ou purificada" – existe inclusive a música celeste. Ela é inerente à vida, às ocupações e atividades dos Espíritos.

Conforme os Espíritos vinham revelando desde Allan Kardec, a música celeste é extremamente sublime e bela, a ponto de não poder ser comparada com a da vida terrena. Além disso, ela torna-se cada vez mais elevada à medida que procede de uma esfera espiritual superior.

Outro ponto interessante – que esse livro ilumina a razão humana –, é que a música celeste envolve uma estrutura complexa de compositores, executores, cantores e instrumentos musicais. Isso exige a manutenção de instituições especializadas que cuidem do seu estudo, cultivo, desenvolvimento e mesmo da transmissão da inspiração musical para os compositores terrenos, como forma de influenciação e de aprimoramento da música terrena.

Por fim, torna-se importante destacar o fato de que esse livro, psicografado por um Reverendo, reafirmou, de uma forma inovadora, ensinamentos valiosíssimos da Doutrina Espírita, inclusive sobre a existência de música no mundo espiritual, bem como sobre a transmissão de inspirações musicais, por parte dos Espíritos, aos músicos terrenos.

Portanto, esse livro está entre os que inauguraram uma nova fase nas revelações dos Espíritos. Eles passaram, através da psicografia, a abordar inúmeros aspectos da vida espiritual totalmente ignorados pelos homens. Essas novas revelações passaram a ser de tal forma detalhadas e abrangentes, que permitiram aos homens um entendimento muito mais amplo e claro da vida futura que aguarda a sua alma, após o fim da jornada terrena.

BIBLIOGRAFIA: OWEN, Rev. G. Vale. **A Vida Além do Véu**. 4ª. Edição. Rio de Janeiro: Federação Espírita Brasileira. 1983.

CAPÍTULO V:
A Música na Vida nos Mundos Invisíveis

As revelações espirituais surpreendentes contidas no livro *A Vida Além do Véu*, psicografado pelo Reverendo G. Vale Owen, foram totalmente confirmadas e bem mais expandidas por um outro livro psicografado na Inglaterra em 1920: *A Vida nos Mundos Invisíveis* (do título original inglês: *Life in the World Unseen*), escrito pelo Espírito do Monsenhor Robert Hugh Benson, através da mediunidade de Anthony Borgia.

Nesse livro, estão devassadas e colocadas em termos muito claros as realidades espirituais ensinadas por vários Espíritos, em diversas localidades e através de diferentes médiuns: a sobrevivência da alma à morte do corpo material; a recepção da alma recém-desencarnada pelos bons Espíritos; o reencontro com Espíritos amigos ou familiares; a comunicabilidade dos Espíritos com os homens, através de médiuns; o julgamento pela própria consciência dos atos praticados na vida terrena; a facilidade de locomoção do Espírito; a vida espiritual cheia de atividades variadas e incessantes, realizadas numa natureza rica e em ambientes exuberantes; a constatação pelo Espírito da existência de plantas e animais na vida espiritual; o rejuvenescimento do corpo espiritual (perispírito), mas conservando a mesma forma e aparência do corpo material; a existência de prédios e de instituições complexas e especializadas, construídos e mantidos pelos bons Espíritos; o poder extraordinário dos pensamentos; as esferas espirituais que vão das inferiores às superiores, servindo de habitação para os Espíritos de todas as ordens de evolução intelectual e moral; as almas das crianças sendo educadas para a vida imortal; os trabalhos dos bons Espíritos de ajuda aos Espíritos sofredores; a invisibilidade dos Espíritos superiores em relação aos Espíritos ainda imperfeitos, tornando necessária a condensação do corpo espiritual para que sejam vistos; a evolução espiritual como meta primeira para todos os Espíritos; a posição geográfica da Terra em relação ao mundo dos Espíritos; o desprendimento do Espírito encarnado durante o sono e suas relações com a vida espiritual; a lei de causa e efeito dando a cada Espírito segundo as suas boas ou más obras; os estímulos e as oportunidades concedidas aos Espíritos inferiores para que se regenerem e conquistem os Reinos Superiores da vida espiritual etc.

Evidentemente, nesse contexto surpreendente e muito amplo, não faltou, no livro acima citado, um Capítulo dedicado exclusivamente à Música existente no mundo dos Espíritos. No Capítulo VII: "A Música", encontramos as seguintes revelações importantes, a respeito do assunto, que interessam ao inquérito que estamos realizando:

Na Vida Espiritual Existem Instituições que Cuidam da Música:

"Sendo a música um elemento vital no mundo do espírito, não é de surpreender que um edifício imponente fosse devotado à prática, ao ensino e ao incentivo de toda espécie de música".

A Música tem um Papel Importante na Vida Espiritual:

"Muito do que ouvi nesse departamento da música era novo para mim, e outro tanto, era muito técnico. Desde então aumentei consideravelmente os meus pequenos conhecimentos, porque descobri que quanto maior o conhecimento da música, mais ele me ajudava a compreender fatos da vida aqui, onde a música exerce papel tão importante".

Existe um Grande Acervo de Músicas no Mundo Espiritual:

"A biblioteca continha obras referentes à música bem como grande quantidade de músicas escritas na Terra por compositores agora no plano espiritual, ou por outros ainda sobre a Terra. O que aí é chamado obras-primas estava bem representado naquelas prateleiras, e é interessante observar que não havia uma sequer que já não tivesse sido alterada pelo autor ao se tornar espírito. As razões desses melhoramentos, explicarei depois. A biblioteca fornece a história completa da música, desde os tempos mais remotos; e os que sabem ler música – não necessariamente executando-a, mas que estão familiarizados com as notas impressas – podem ver o grande impulso que a arte sofreu durante a passagem dos anos".

Os Recursos que Estão à Disposição dos Músicos, na Vida Espiritual, são Abundantes:

"Ainda na biblioteca havia livros e obras musicais que há muito desapareceram da Terra, ou então que são raros e

148 Geziel Andrade

fora do alcance popular. O colecionador musical aqui achará todas aquelas por que suspirava na Terra, e lhe haviam sido negadas; aqui poderá consultar livremente obras que, devido à sua preciosidade, nunca lhe fora possível obter na Terra. Muitos compartimentos são reservados para estudantes de música, em todos os seus ramos, da teoria até a prática, sob a orientação de mestres cujos nomes são conhecidos em todo o mundo".

Existe Muita Diferença Entre a Música do Plano Espiritual e a da Terra:

"Descobrem também que a música do mundo espiritual é muito diferente, em efeitos exteriores, da música realizada na Terra. Daí descobrirem que seu conhecimento musical deve passar por mudanças radicais antes que eles possam se expressar musicalmente. Na música, pode-se dizer que o mundo espiritual começa onde o terreno acaba. Há leis musicais aqui que não têm aplicação na Terra, porque lá a música não está suficientemente adiantada, porque o mundo espiritual é do espírito, enquanto que o mundo terreno é da matéria".

Existem Instrumentos Musicais Próprios Para a Execução da Música dos Espíritos:

"Os inúmeros tipos de instrumentos musicais tão familiares à gente da Terra, existem no colégio da música, onde os estudantes podem aprender a executá-los. E aqui também, em que a destreza manual é tão essencial, a tarefa de ganhar proficiência não é nem árdua nem cansativa, e é muito mais rápida do que na Terra. Ao adquirir o domínio do instrumento, o estudante pode reunir-se a uma das

Os Espíritos, a Música Celeste e a Música Terrena   149

inúmeras orquestras existentes aqui, ou pode limitar as suas audições ao círculo de amigos. Não se deve estranhar que os estudantes prefiram a primeira alternativa, visto que podem produzir, em colaboração com os colegas musicistas, o tangível efeito da música em grande escala, quando então muito mais pessoas podem usufruir desses efeitos. Ficamos novamente interessados nos muitos instrumentos que não têm similares no mundo. São, na maioria, especialmente adaptados às formas musicais exclusivas daqui, e são por esse motivo, muito mais complicados. Tais instrumentos são executados somente em conjunto com outros de sua categoria, e todos eles se destinam, assim, a uma forma especial de música. Para a música costumeira da Terra, são suficientes os instrumentos comuns".

Concertos Musicais são Realizados no Mundo Espiritual:

"Era natural que esse departamento tivesse um salão de concertos. Era imenso, capaz de acomodar confortavelmente muitos milhares de espíritos. De forma circular, constituía-se de poltronas que saíam do solo em fileiras perfeitas". (...) "A orquestra era composta de uns duzentos músicos que tocavam instrumentos bem conhecidos na Terra, por isso consegui apreciar o que ouvia. Assim que a música começou, pude notar uma acentuada diferença da que eu me acostumara ouvir na Terra. Os sons eram iguais aos antigos, mas a qualidade do som era imensamente mais pura, o equilíbrio e a harmonia perfeitos. A obra executada era bem extensa e fui informado que seria tocada sem interrupção".

A Música Celeste Cria Formas e Cores no Ambiente:

"Pude ver também por que os compositores se sentem impelidos a alterar suas obras terrenas depois que passam a espíritos. Os sons musicais emitidos pela orquestra estavam criando sobre suas cabeças esta imensa forma de pensamento, e a forma e perfeição da cúpula dependiam inteiramente da pureza dos sons musicais, da pureza da harmonia e da liberação de qualquer dissonância. A forma da música deve ser pura para produzir uma forma pura". (...) "A música ainda era ouvida, e de acordo com ela, a cúpula mudava ora para um tom, ora para outro, e muitas vezes para uma delicada mistura de cores, segundo o tema ou o movimento da música. É difícil dar uma idéia adequada da beleza desta maravilhosa estrutura musical". (...) "Ao contrário da Terra, onde a música pode apenas ser ouvida, nós a tínhamos visto, e estávamos inspirados não só pela execução orquestral, mas pela beleza da imensa forma criada pela influência espiritual sobre aqueles que a presenciaram". (...) "O que tínhamos testemunhado fora produzido numa escala de determinada magnitude; o instrumentista individual ou o cantor pode obter, em escala menor, suas próprias formações musicais. Na verdade, seria impossível emitir qualquer forma de som musical sem a formação dessa arquitetura". (...) "Os músicos que ouvimos tocavam instrumentos reais e sólidos e música verdadeira. O regente era uma pessoa bem real, conduzindo a sua orquestra com uma batuta bem material! Mas a bela formação do pensamento musical não era tão material quanto suas adjacências ou os meios de a criar, assim como o arco-íris não é tão material quanto a umidade e o sol que o produzem".

A Música Ocupa uma Alta Posição na Vida Espiritual:

"Demorei-me mais nas nossas experiências musicais, por causa da alta posição da música em nossa vida no reino atual. A atitude de muita gente quanto à música na Terra, sofre uma grande transformação quando chegam ao espírito". (...) "Aqui, ela é parte de nossa vida, não porque a façamos assim, mas porque é parte da existência, naturalmente, como as flores, as árvores, a grama e a água, as colinas e os vales. É um elemento da natureza espiritual. Sem ela, grande parte da alegria seria roubada da nossa vida. Não é preciso tornarmo-nos mestres em música para apreciar a riqueza de sons e o maravilhoso colorido que nos rodeiam". (...) É esquisito que alguns tentem sempre banir do mundo do espírito cada árvore e cada flor, e os outros mil e um encantos". (...) "Há um defeito – entre outros – que a Terra possui: o julgar-se superior a qualquer outro mundo, especialmente o mundo espiritual".

Considerações Sobre a Música Celeste Narrada No Livro — "A Vida nos Mundos Invisíveis"

O Espírito do Monsenhor Robert Hugh Benson, ex-Arcebispo de Cantuária, através da psicografia de Anthony Borgia, fez uma descrição maravilhosa, muito clara, consistente e pormenorizada de todos os aspectos que envolvem a vida espiritual. Assim, o seu livro tornou-se um clássico da literatura espírita, que descortina o mundo dos Espíritos.

Especificamente sobre a existência da música celeste, as narrativas e revelações feitas por esse Espírito foram de tal modo abrangentes e minuciosas, que os conhecimentos da Doutrina Espírita a respeito do assunto, que vinham sendo acumulados desde Allan Kardec, foram confirmados, expandidos e muito mais bem compreendidos.

Além disso, elas não deixaram qualquer dúvida sobre a existência e o valor dessa arte na vida além-túmulo, a qual exige meios organizados e complexos para que os Espíritos a cultivem e pratiquem, conforme ficou demonstrado nos fragmentos de textos acima apresentados.

Portanto, com as valiosíssimas contribuições prestadas pelo autor espiritual desse livro, houve um mais amplo descortinamento das atividades mantidas pelos Espíritos e das realidades existentes na vida nos mundos invisíveis. Isso serviu para conscientizar ainda mais os homens acerca do preparo moral e espiritual que precisam ter para a conquista das boas condições de vida que aguardam a sua alma, após esta jornada terrena.

NOTA DO AUTOR: A existência da música celeste, com todos os seus encantos, bem como as influências que os Espíritos exercem sobre as artes dos homens, inclusive a música, foram reafirmadas também no livro *Letters from a Dead Living Man*.

Esse livro de autoria do Espírito de um Magistrado americano muito conhecido e afamado, psicografado de forma mecânica pela poeta e escritora americana Elsa Barker, quando ela visitava as cidades de Paris e Londres, em 1913, contém muitas revelações sobre a música celeste; mas, elas não foram apresentadas ou incluídas nesta pesquisa espírita por confirmarem fatos já bem explorados nos Capítulos antecedentes.

No Brasil, a primeira edição desse livro ocorreu em São Paulo, em 1978, pela LAKE – Livraria Allan Kardec Editora –, com o título de *Cartas de Um Morto Vivo*, tradução de Ellen e revisões de Monteiro Lobato e Maria José Sette Ribas.

Fale conosco!!!

Queremos saber sua opinião sobre o livro: _____

_____ (favor mencionar o nome do livro)

_____

_____

_____

_____

_____

_____

_____

_____

_____

Receba em seu endereço, gratuitamente, a Revista de Livros EME, o Jornal Leitor EME, prospectos, notícias dos lançamentos e marca-páginas com mensagens, preenchendo o formulário abaixo e mandando-nos através de:

Carta: Cx. Postal, 1820 - 13360-000 - Capivari-SP

Fone/fax: (19) 3491-7000 / 3491-5449,

E-mail: atendimento@editoraeme.com.br ▫ **_Site:_** www.editoraeme.com.br

NOME:_____

ENDEREÇO:_____

CIDADE/EST./CEP:_____

FONE/FAX:_____

E-MAIL:_____

Os Espíritos, a Música Celeste e a Música Terrena   153

BIBLIOGRAFIA: BORGIA, Anthony. **A Vida nos Mundos Invisíveis.** 1ª. Edição. São Paulo: Editora Pensamento Ltda. 1967.

Esse livro, escrito de um modo interessante em forma de cartas, deve ser somado aos outros livros pioneiros que contêm narrativas aos homens das realidades que são encontradas pelo Espírito, após a sua desencarnação e entrada na vida espiritual.

Capítulo VI:
Rosemary Brown e a Música dos Grandes Mestres

O livro de autoria de Rosemary Brown, publicado na Inglaterra com o título original de *Unfinished Symphonies: Voices From The Beyond*, contém a narrativa, com detalhes surpreendentes, do afloramento de sua mediunidade musical e das realizações que decorreram de suas atividades mediúnicas.

O Surgimento e o Sucesso com Sua Mediunidade

A faculdade de ver e de se comunicar com os Espíritos surgiu na infância; mas Rosemary jamais imaginou que um dia ela se tornaria uma médium com grande sucesso junto ao público.

Esse sucesso aconteceu depois que os meios de comunicação ingleses reconheceram o valor de sua faculdade mediúnica. Eles passaram a noticiar as composições inéditas que ela vinha recebendo, via mediúnica, dos Espíritos que haviam sido músicos famosos na vida terrena.

O Primeiro Contato

O primeiro contato da médium ocorreu com o Espírito Franz Liszt. Ela tinha apenas sete anos de idade.

Nessa ocasião, o Espírito lhe disse que: "quando ela crescesse, voltaria para lhe transmitir músicas".

O Recebimento das Primeiras Músicas

O trabalho efetivo de recebimento das primeiras músicas dos Espíritos, por parte da médium, começou em março de 1964.

O Espírito Franz Liszt comprometeu-se a dedicar-se arduamente na transmissão das novas composições musicais que havia feito na vida espiritual.

O Grupo de Compositores Famosos

Em função do compromisso assumido, o Espírito Liszt passou a desempenhar um papel de destaque nos contatos musicais com a médium. Em seguida, ele tornou-se o organizador e o chefe de um Grupo de Compositores Famosos.

Então, os membros que se reuniram a esse Grupo passaram a se empenhar em transmitir aos homens as suas novas composições musicais, servindo-se da mediunidade de Rosemary.

Os Membros do Grupo

Por ordem de comunicação, os compositores desencarnados que revelaram a sua participação no Grupo foram: Liszt, Chopin, Schubert, Beethoven, Bach, Brahms,

Os Espíritos, a Música Celeste e a Música Terrena   157

Schumann, Debussy, Grieg, Berlioz, Rachmaninoff e Monteverdi.

O Preparo Musical da Médium

A médium não tinha uma educação musical muito abrangente. Na realidade, ela não tinha qualquer conhecimento das técnicas específicas de composição de músicas e muito menos de fazer qualquer orquestração.

Sobre essa sua formação musical ela escreveu o seguinte:

"Para mim, naquele tempo, um par de sapatos novos tinha um significado muito maior do que ingressos para um concerto de música clássica. Na realidade, raramente sobrava dinheiro para comprar sapatos, e, certamente nenhum para concertos".

O Porquê de sua Escolha

Uma questão que sempre preocupou a médium foi por que ela foi a escolhida pelos Espíritos para desempenhar a tarefa de intermediária na transmissão da música celeste aos homens.

A resposta, muito convincente, foi lhe dada pelo Espírito Liszt:

"Porque você se ofereceu muito antes de nascer. Quando você vivia um outro aspecto de sua existência, você concordou em ser o elo de ligação entre nós e o mundo. Antes de você nascer, quando acedeu em ser a nossa medianeira, você teve que concordar em passar por uma série de sofrimentos de modo a tornar-se mais sensitiva. Se tivesse tido uma educação musical completa, isto não nos auxiliaria absolutamente em nada".

A Finalidade dos Contatos Musicais

Os compositores do Além deixaram sempre claro à médium que o seu trabalho mediúnico tinha a finalidade específica: a de mostrar aos homens que a morte física é apenas uma transição para um outro estado de consciência, no qual a alma conserva sem alteração a sua individualidade.

Em decorrência disso, a tarefa dela seria mudar os conceitos humanos sobre a vida material e sobre a situação da alma após a morte do corpo físico.

A Produção Mediúnica

Em função do grande empenho dos Espíritos e da médium, o número de músicas recebidas cresceu rapidamente. Logo o trabalho reuniu um acervo de cerca de 400 peças musicais. Ele continha canções, composições para piano, quartetos, óperas, concertos e sinfonias.

A Grande Repercussão Junto ao Público

A obra mediúnica de Rosemary Brown teve uma forte repercussão junto ao público, com o sucesso inesperado alcançado com o lançamento, em maio de 1970, de um "long-play", que continha algumas das músicas vindas "do outro lado da vida".

Eram obras musicais inéditas, feitas por oito compositores desencarnados diferentes, que, em função de suas músicas na Terra, tinham conquistado um renome internacional.

O sucesso do lançamento do trabalho mediúnico foi tal, que despertou a atenção dos meios de comunicação. Estes sensibilizaram e chamaram ainda mais a atenção do

Os Espíritos, a Música Celeste e a Música Terrena   159

público após noticiarem o notável fenômeno espírita.

Em decorrência disso, a médium teve que fazer diversas apresentações públicas, nas quais ela cuidava em deixar bem evidente que não se tratavam de músicas suas, mas sim de composições feitas por Espíritos de compositores famosos.

As Limitações

A médium, em face de algumas críticas que recebeu sobre a qualidade de algumas das composições dos Espíritos, justificou:

"Os compositores são limitados pela minha própria limitação, e pelas dificuldades de transmissão".

A Autoria das Músicas

A médium jamais atribuiu a si mesma qualquer das composições musicais recebidas, afirmando:

"Qualquer pessoa que conheça música sabe que eu teria que ser quase um gênio musical para ter obtido tudo isso sozinha".

"Eu com toda a certeza teria que ser uma musicista verdadeiramente brilhante para ter escrito, sozinha, todos aqueles estilos diferentes de música".

O Sucesso no Cumprimento de sua Missão Mediúnica

A missão desempenhada pela médium musical Rosemary Brown não foi fácil. Ao lado do sucesso alcançado, ela teve que enfrentar a crítica de alguns críticos de música e a descrença de muitos materialistas ou opositores dos fenômenos espíritas. Assim, ela teve também que defender publicamente as composições musicais dos Espíritos, que haviam sido transmitidas aos homens através de sua mediunidade.

Mas, as obras musicais eram tão maravilhosas e surpreendentes que falaram por si mesmas junto ao público e os meios de comunicação, amenizando os seus trabalhos de defesa.

O Reconhecimento por Parte de Músicos Famosos

Ainda, depois de muita exposição junto ao público, o seu trabalho mediúnico foi amplamente reconhecido. Ele era grandioso a ponto de superar inúmeros testes e exames feitos por peritos em música dos grandes compositores clássicos.

Mas, a sua consagração pública ocorreu, por fim, quando os meios de comunicação, notadamente a BBC de Londres, divulgaram, sem fazer quaisquer restrições, as suas obras mediúnicas.

Além disso, elas receberam o aval de músicos famosos como Mary Firth, Richard Rodney Bennet e Leonard Bernstein.

Considerações sobre a Obra Mediúnica de Rosemary Brown

Rosemary Brown provou, de um modo muito convincente, que os Espíritos dos Grandes Mestres da Música Clássica sobreviveram à morte do corpo físico, mantendo a individualidade e as habilidades musicais.

Os Espíritos, a Música Celeste e a Música Terrena   161

Eles puderam se comunicar com os homens, através de sua mediunidade, para transmitir-lhe as novas composições musicais que haviam elaborado na vida Além-túmulo, sob a influência da música celeste.

Essa tarefa difícil dos Espíritos, de fazer aspectos da música celeste chegar diretamente aos homens, só foi coroada de êxito porque eles contaram e tiveram à sua disposição um instrumento mediúnico muito dedicado e eficiente: Rosemary Brown.

BIBLIOGRAFIA: BROWN, Rosemary. **Contatos Musicais:** Grandes Mestres Compõem do Além. 2ª. Edição. São Paulo: Boa Nova – Livraria Espírita. 1991.

TERCEIRA PARTE:

As Revelações, Manifestações E Influências Musicais dos Espíritos no Brasil

Capítulo I:
As Influências, Inspirações e Idéias Musicais dos Espíritos

Existem, realmente, evidências mostrando que os Espíritos podem influenciar os compositores terrenos, através das inspirações e sugestões mentais que lhes oferecem?

É possível aos Espíritos fazerem com que a música terrena adquira traços da música celeste e que experimente uma evolução que não dependa só dos trabalhos dos músicos terrenos?

É possível reunir evidências que comprovem o ensino da Doutrina Espírita afirmando que os artistas em geral, e, em particular os compositores de música, sofrem influências ocultas dos Espíritos e recebem inspirações de idéias musicais provindas deles?

É possível obter alguma comprovação de que os músicos terrenos podem estar sob o aconselhamento e a sugestão mental do mundo dos Espíritos, no momento de elaboração de suas obras artísticas, engrandecendo o seu talento musical?

A Busca de Evidências

Na busca de evidências que respondam a essas questões difíceis e que comprovem ou confirmem as revelações dos Espíritos de que eles influenciam os músicos terrenos, recorremos à análise da biografia de alguns músicos importantes no cenário musical brasileiro.

Assim, consultamos a biografia de alguns deles, que se destacaram e foram importantes compositores no Brasil. Com isso, pudemos detectar fortes evidências das inspirações de que eram alvo.

Eles, realmente, atuaram sob uma inexplicável inspiração que lhes dava um poderoso impulso criativo, não dependendo só dos conhecimentos, das habilidades e da criatividade que possuíam. Assim, algumas de suas obras musicais ganharam rumos totalmente inesperados, com o recebimento de idéias, parecendo que lhes eram dadas como prontas. Outras vezes, depois de dias tentando compor alguma melodia, sem sucesso, em poucos minutos escreviam uma música maravilhosa que lhes parecia que já existia e que estava pronta, dando-lhes a impressão de que procedia de uma potência invisível, sob a qual não tinham qualquer controle.

O mecanismo dessas influências mentais, inspirações, idéias e ações externas ocultas, sobre a mente e a criatividade dos compositores, está ainda por ser mais bem compreendido. Os próprios compositores têm grande dificuldade em explicar qual é o modo de funcionamento e a origem do impulso criativo de que são beneficiários.

Mas, a Doutrina Espírita atribui aos Espíritos protetores dos músicos e aos compositores desencarnados essas influências externas, que tanto beneficiam a carreira dos músicos e a evolução da música terrena.

O Interessante caso Heitor Villa-Lobos

Das biografias analisadas, em busca de evidências mostrando que os compositores terrenos estão sujeitos

Os Espíritos, a Música Celeste e a Música Terrena   167

a fortes influências externas, de inspirações e idéias que provêm de uma fonte oculta, destacamos o caso interessante e surpreendente, que encontramos na biografia do respeitável e famoso Heitor Villa-Lobos. Ele foi, sem dúvida, o músico brasileiro que teve a sua vida mais bem registrada em documentos coletados e guardados de uma forma muito idônea.

Por isso, como simples exemplo ilustrativo, relacionamos, a seguir, alguns pequenos trechos extraídos da extensa biografia desse notável maestro, músico e compositor, que nasceu no Rio de Janeiro, em 05 de março de 1887 e faleceu nessa mesma cidade a 17 de novembro de 1959.

Os Méritos do Grande Músico

Do livro *Presença de Villa-Lobos*, 11º. Volume (Edição MEC/SEAC/Museu Villa-Lobos, 1980), extraímos algumas evidências que, sob a ótica espírita, indicam que ele esteve sob as influências, inspirações, idéias e ações mentais ocultas dos bons Espíritos.

Isto, porém, de forma alguma, reduz o valor do imenso e grandioso trabalho realizado e das monumentais obras musicais do construtor de uma identidade própria para a música brasileira, por ter levado em conta a cultura do povo brasileiro.

Sem a menor dúvida, Villa-Lobos conquistou os seus extraordinários méritos com muito trabalho e muito esforço. A dedicação à música e a persistência nas tarefas a realizar permitiram-lhe a realização da gigantesca produção musical que o glorificou.

Certamente, as inspirações, idéias e influências externas, que as evidências abaixo mostram, foram, em reconhecimento e em recompensa, de Deus e dos bons Espíritos, para as batalhas duras e incansáveis que ele teve que travar no campo da música, inclusive enfrentando críticos às suas realizações e opositores ao seu espírito empreendedor.

Por mais simples que tenha sido a análise da ampla biografia do notável músico, foi notado, com facilidade, que Villa-Lobos compôs músicas com mestria e de uma forma inusitada. Ele tinha habilidades e talentos musicais que o distinguiam em qualquer lugar e que lhe permitiram compor os mais variados gêneros de música para instrumentos, orquestras, vozes e corais: Bachianas, Choros, Quartetos de Cordas, Cirandas, Sinfonias, Serestas, Sonatas, Trios, Concertos para Piano e Orquestra, Óperas, Ballets etc.

As Evidências Encontradas das Influências, Idéias e Inspirações Recebidas pelo Notável Músico

No livro acima citado, encontramos as seguintes evidências das influências, idéias e inspirações a que o famoso músico esteve sujeito:

A sua Inspiração era Permanente:

"A sua maneira de compor era diferente, muito original. Não fazia questão de estar só e em silêncio. Compunha na frente de todo mundo, conversando, brincando, ouvindo rádio. O barulho não o incomodava nem tolhia a sua inspiração, que era permanente". (Depoimento de Andrade Bello).

A Música Soava em sua Mente:

"Enquanto preparava a bola (de bilhar) em difícil posição, o criador das Bachianas trauteava alguma

Os Espíritos, a Música Celeste e a Música Terrena   169

melodia inaudível para os circunstantes". (Depoimento de Armando Pacheco).

As Idéias Musicais Afloravam em Qualquer Condição e Lugar:

"Villa-Lobos, meio adoentado, pede-nos o violão e diz-nos que sente cócegas nos dedos, com idéias para colocá-las na pauta. Villa-Lobos afinal conclui uma Fantasia para violão e orquestra...". (Depoimento de Mindinha – Arminda d'Almeida Villa-Lobos – esposa de Villa-Lobos).

Outros Depoimentos Valiosos

No livro *Vultos e Temas da Música Brasileira*, de Claribalte Passos (Edição do Governo de Pernambuco, em 1972), temos ainda, em complemento, os seguintes depoimentos que mostram evidências da forte inspiração que penetrava e envolvia a mente do grande compositor:

Era um Manancial de Música:

"A música transbordava dele sem cessar – era um autêntico manancial de música". (Depoimento de Eugène Ormandy).

A Inspiração e a Criatividade não Dependiam de seu Estado de Saúde:

"A música para ele não vinha apenas por inspiração. Era um "imperativo biológico", como ele mesmo dizia. A melhor prova disso é que, já doente, numa terra em que só eu falava o Português (Estados Unidos), ele compôs um Quarteto de Cordas. Isso em pleno hospital, onde foi operado". (Depoimento de Dona Arminda Villa-Lobos).

Mais um Depoimento Importante

No livro *Música e Músicos do Brasil*, cuja 1ª. edição apareceu no Rio de Janeiro, em 1950, pela Editora da Casa do Estudante do Brasil, seu autor, Luiz Heitor, diz o seguinte a respeito do impulso interior que levava Villa-Lobos a compor:

Para o Compositor, não tinha Condição Adversa para Compor:

"O impulso interior que o conduz à composição é tão forte, que ele pode dispensar todas as condições favoráveis à germinação de suas obras". (...) "Villa-Lobos, exercendo o ato da criação musical, mostra-se indiferente a todas as condições adversas em torno dele. São momentos em que ele vive, apenas, da sua vida interior; automaticamente; sonambulescamente".

Mais outros Depoimentos Inusitados

Ainda, para reforçar a evidência sobre as inspirações, idéias e influências que norteavam os trabalhos musicais de Villa-Lobos, apresentamos os seguintes depoimentos contidos no livro *História da Música no Brasil*, de Vasco Mariz, cuja 4ª. edição apareceu em 1994, pela Editora Civilização Brasileira:

A Prodigiosa Inspiração do Compositor:

"Villa-Lobos era um gênio. Gênio pela riqueza prodigiosa de sua inspiração, gênio pelo seu inegável talento musical". (...)

Tinha um Cérebro Dedicado à Composição de Músicas:

"O próprio compositor relatou assim a Jorge Dodsworth Martins seu método de trabalho: " — Meu velho, eu componho cerebralmente, sem auxílio de nada e digo-lhes mais, faço de fato a partitura, isto é, a distribuição no papel pautado, de todos os instrumentos, piano e orquestra". (...)

O Afloramento de Idéias muito Avançadas:

"Contou-nos Villa-Lobos que, às vezes, ao se dedicar à composição, lhe vinha uma idéia por demais avançada. Construía então a sua obra, mas lhe dava um número mais elevado na série, esperando escrever mais tarde algo de intermediário". (...)

Teve uma Habilidade Inexplicável e Surpreendente para a Composição de Música para Piano:

"Souza Lima nos seus Comentários sobre a Obra Pianística de Villa-Lobos diz: "O fato de não ser um especialista do piano, surpreende-nos quando constatamos que sua produção pianística manifesta, desde os primeiros trabalhos, uma maneira tão particular de tratar o instrumento, contradizendo aquela impressão e parecendo-nos tratar-se realmente, de um pianista militante, conhecedor de todas as minúcias e segredos da técnica e, o que é mais extraordinário, revelando processos novos, fórmulas diferentes de mecânica pianística, problemas rítmicos absolutamente fora dos usuais, tudo sempre a serviço de efeitos sonoros inéditos".

Explicações Espíritas para as Inspirações, Idéias e Influências Ocultas Recebidas por Heitor Villa-lobos

A Doutrina Espírita, sem jamais menosprezar os trabalhos, os esforços, as lutas, os impulsos criativos, os méritos, as habilidades e os talentos dos gênios que produziram grandes obras artísticas ou musicais, afirma que as inspirações a que estavam sujeitos e as idéias inéditas que os beneficiaram provinham dos bons Espíritos que também eram amantes da arte musical e que se preocupavam em promover a evolução da música terrena.

A Doutrina Espírita atribui aos chamados Anjos Guardiões e Espíritos protetores a fonte das influências nobres, das idéias inéditas e das inspirações grandiosas que foram oferecidas aos gênios das artes, por sintonia e afinidades espirituais. Os compositores terrenos estavam sintonizados mentalmente com os músicos do Além, que eram atraídos pelas afinidades de propósitos. Assim, havia entre eles uma perfeita comunhão de pensamentos. As mentes dos músicos encarnados e desencarnados estavam sintonizadas, interagiam entre si, permutavam idéias e trocavam experiências valiosas, permitindo a materialização de fragmentos da arte musical que existe no Mundo Espiritual.

Evidentemente, no cumprimento da missão, quando encarnados, os compositores terrenos revelaram também as suas capacidades e habilidades, bem como os seus conhecimentos, recursos criativos e esforços persistentes, conquistando méritos e glória.

Assim, conseguiram realizar, com mestria e grandiosidade, as obras maravilhosas que emocionaram os homens e que revolucionaram e aprimoraram as atividades nos campos das artes e da música.

Os Espíritos, a Música Celeste e a Música Terrena   173

A Lição de Allan Kardec

Em função dessas realidades, Allan Kardec estabeleceu, em *O Livro dos Médiuns*, Segunda Parte, Capítulo XVI, as seguintes definições para os médiuns musicais e inspirados:

"Médiuns Musicais: Os que executam, compõem ou escrevem músicas sob a influência dos Espíritos, podendo ser mecânicos, semimecânicos, intuitivos e inspirados".

"Médiuns Inspirados: Os que recebem os pensamentos sugeridos pelos Espíritos, na maioria das vezes sem o saberem, seja para as atitudes ordinárias da vida ou para os grandes trabalhos intelectuais".

Portanto, para a Doutrina Espírita, muitos artistas são médiuns intuitivos ou inspirados sem o saberem ou sem o perceberem.

Não Existem Músicos Privilegiados ou Favorecidos pela Sorte

Portanto, as inspirações, idéias e criações mentais inusitadas, de que alguns músicos são alvo, não surgem do nada, ao acaso, e nem se constituem em um ato de sorte, privilégio ou benefício injusto.

Na realidade, todos os homens estão sujeitos às influências, inspirações e idéias ocultas dos bons Espíritos, de acordo com os seus méritos, esforços, necessidades e capacidades.

Neste particular, os homens de gênio, notadamente os que atuam nos campos da música, experimentam o afloramento de certas inspirações grandiosas e idéias belas, colaborações valiosas dos bons Espíritos que atraíram por afinidades, e com os quais mantêm sintonia mental por identidade nos propósitos. Porém, dificilmente eles conseguem explicar como surgiram valiosas inspirações, idéias e contribuições mentais.

Por vezes, essas inspirações, intuições e idéias são tão inovadoras, que promovem uma revolução em muitos campos da vida terrena.

Foi assim que os gênios das artes promoveram inúmeras revoluções nas formas tradicionais de criação e de composição. Geralmente, eles tinham uma importante missão terrena a cumprir, escolhida antes da reencarnação, e contaram não só com suas habilidades e experiências acumuladas ao longo de sua jornada evolutiva, mas também com as influências, idéias e inspirações dos bons Espíritos.

As Evidências Obtidas com o Estudo do Caso Villa-Lobos

No caso específico do notável músico, maestro e compositor Heitor Villa-Lobos, os depoimentos acima apresentados evidenciaram, de uma forma muito nítida, as fortes influências, inspirações e idéias a que o artista esteve sujeito. Sem a menor dúvida, os bons Espíritos colaboraram, de uma forma oculta, para que o seu Espírito cumprisse, com sucesso, a monumental missão que veio desempenhar no campo da música terrena.

Desse modo, o Espiritismo lança uma luz brilhante e torna clara e lógica, a fonte oculta das inspirações e idéias superiores que nortearam os grandiosos trabalhos musicais realizados pelo extraordinário, respeitado e admirado Heitor Villa-Lobos.

BIBLIOGRAFIA: Citada no texto para facilitar a consulta.

Capítulo II:
A Música nas Sessões de Materializações de Espíritos

Aprendemos, com Allan Kardec, que as manifestações dos Espíritos podem ser ocultas ou ostensivas, dependendo das pessoas que recebem as suas influências ou que lhes servem de médiuns.

Porém, existem manifestações inteligentes que são verdadeiramente físicas. Elas podem ser constatadas de maneira inequívoca por diversas testemunhas oculares idôneas e por acontecimentos materiais que atingem de modo incontestável os sentidos humanos.

Isso ocorreu em diversas sessões de materializações de Espíritos, muito bem documentadas, que foram realizadas no Brasil, principalmente na primeira metade do século XX, e que deixaram inúmeras provas marcantes e irrefutáveis.

As Sessões de Materializações de Espíritos Com a Presença Dos Médiuns Peixotinho e Fábio Machado

Rafael A. Ranieri (da Universidade de Minas Gerais e Delegado de Polícia no Estado de São Paulo) publicou o livro *Materializações Luminosas*, pela Editora LAKE

176 Geziel Andrade

(8ª. edição: São Paulo. 2003), narrando a sua participação cuidadosa nas sessões de materializações de Espíritos, ocorridas a partir de 1948, principalmente nas cidades de Pedro Leopoldo-MG, Belo Horizonte-MG e Rio de Janeiro-RJ, tendo como médiuns de materialização os senhores Francisco Lins Peixoto ou "Peixotinho" e Fábio Machado.

Nessas sessões, muito bem controladas pelos dirigentes, ocorreram fatos extraordinários e surpreendentes, os quais foram narrados em detalhes e expostos de uma forma efetivamente comprovada no livro citado.

A Música Dançada pelo Espírito Maria Alice

Especificamente sobre o tema de nosso interesse, – as manifestações musicais dos Espíritos – o autor afirmou que, nas sessões, eram tocados discos numa vitrola e cantadas músicas pelos assistentes.

Mas, num certo dia, teve a alegria de conhecer um Espírito que lhe propiciou uma noitada diferente, pois produziu fenômenos que até então não tinha assistido.

No Capítulo "A Dança de Maria Alice", o autor do livro citado registrou o seguinte depoimento, narrando a manifestação surpreendente do Espírito Maria Alice, marcada por música e dança:

"A primeira vez que a vi se manifestar foi assim".

"Como sempre, a reunião já ia em meio e numerosos outros espíritos haviam-se materializado. Zé Grosso com sua alegria severa, Palminha com seus gritos estrepitosos, Scheilla com a serenidade austera de quem tinha a responsabilidade do Grupo".

"Deram-se porém notícias de que iam auxiliar doentes em pontos afastados da cidade. Preparamo-nos

Os Espíritos, a Música Celeste e a Música Terrena   177

mentalmente para ajudá-los com a boa vontade cristã, mas logo após começamos a ouvir rumor estranho na cabina. Ouvíamos o som distinto de um sapateado como se alguém estivesse dançando".

"Os assistentes habituados com aquela manifestação, exclamaram:"

" — Maria Alice!".

"De fato, daí a instantes ouvimos o retinir forte de um pandeiro que girava no ar marcando o compasso e uma figurinha leve veio para o meio da sala, próxima a nós, dançar e sapatear. O sapateado, alto, marcado e perfeito, ressoava na sala e o pandeiro repicava no ar como que vibrado por mão habituada a manejá-lo".

Da forma como Rafael Ranieri registrou as coisas surpreendentes que aconteceram nas sessões de materializações de Espíritos, ocorridas graças às notáveis faculdades dos médiuns "Peixotinho" e Fábio Machado, notamos que elas não ficaram devendo nada para as ocorridas em outras partes do mundo, principalmente na Europa.

No caso específico da música transcendental, o notável foi que ela era ritmada com exatidão por um pandeiro e dançada de uma forma graciosa, bela e original pelo Espírito Maria Alice, causando grande surpresa inclusive para o autor do livro.

As Manifestações Musicais dos Espíritos Scheilla e Aracy

No livro *Dossiê Peixotinho: Uma Biografia do Mais Famoso Médium de Materializações no Brasil*, de autoria dos valorosos pesquisadores e escritores Lamartine Palhano Júnior e Walace Fernando Neves, (Edição de Publicações Lachâtre, 1ª. edição: Niterói-RJ. 1997), encontramos as surpreendentes manifestações musicais dos Espíritos Scheilla e Aracy, servindo-se da mediunidade de Peixotinho.

No Capítulo "Sessões Mediúnicas de Efeitos Físicos com o médium Francisco Peixoto Lins, realizadas no Grupo Espírita André Luiz, e registradas pelos senhores Amadeu Santos e Afonso Pinto da Fonseca, 1946 – 1951", temos as seguintes manifestações musicais muito interessantes feitas por aqueles Espíritos:

"Após, houve a presença física do Espírito José Grosso, que, entre outras coisas, informou que Scheilla e Aracy estavam preparando letra e música de um hino que seria ofertado aos presentes por escrita direta. Para tal, já haviam sido colocados alguns papéis em branco, atentamente examinados, sobre uns fardos perto da cabine". (...)

"Logo depois desse comentário, Amadeu notifica que apareceu no fundo da cabine, um vulto luminoso, semi-materializado, movimentando-se no espaço com desembaraço. O vulto desaparece para falar em seguida pela garganta ectoplasmática, dizendo ser Scheilla. Conversou bastante e disse ter deixado a letra de um hino, com a ajuda do Espírito Aracy. Depois, o Espírito Nina Arueira falou por algum tempo e em seguida José Grosso anunciou o término dos trabalhos".

"Quando as luzes foram acesas encontraram no chão, quatro pedras, sendo uma ametista, uma de cristal e duas outras de um minério desconhecido. Laís mostrou uma flor de lírio modelada em parafina que a Nina lhe havia entregue. Na cabine, Amadeu encontrou a luva de parafina que o Espírito de seu pai havia deixado de lembrança: um braço com saliência das veias e do pulso, justamente como era em vida. Foi encontrado também um botão de lírio feito de parafina. A escrita de Scheilla estava lá em cima do fardo, duas folhas de papel; uma com os caracteres musicais, uma pauta, e outra com a letra de um hino, denominado "Obreiros de Jesus", mensagens estas,

Os Espíritos, a Música Celeste e a Música Terrena   179

ditas especulares, ou seja, que só podem ser lidas diante de um espelho ou do lado inverso. A mensagem musical tinha o mesmo título dos versos e finalizava com a seguinte dedicatória: "Ofereço aos irmãos do Grupo André Luiz, com o abraço de Aracy".

A transcrição desse interessante texto acima apresentado serve para que o prezado leitor observe atentamente a grandiosidade das materializações de Espíritos ocorridas no Brasil, e em particular até que nível chegou a manifestação musical dos Espíritos, inclusive com efeito especular na escrita, que precisa de um espelho para ser lida.

É importante ainda salientar que, nas páginas de 104 a 106 do livro citado, encontram-se as cópias da Letra e da Música do Hino, bem como as ponderações sobre os fatos extraordinários ocorridos, e que foram muito bem redigidas pelo Dr. Amadeu Santos.

Outra Manifestação Musical do Espírito Scheilla

Ainda, nesse mesmo Capítulo acima citado, surpreendemo-nos com outra interessante manifestação musical do Espírito Scheilla:

"Em seguida materializa-se novamente Scheilla, dirige-se para a mesa onde estou debruçado, puxa a cadeira, senta-se e diz-nos que vai escrever a música do hino que ela vai oferecer à Juventude (Juventude Espírita Abel Gomes). Diz-nos também como o vai fazer. Vai desmaterializar o papel e a música, bem como a letra, será escrita direta, para evitar trabalho à irmã Dulce (Dulce de Fátima Oliveira). Diz também que, quando rubricamos o papel, que seja feito a lápis, pois que a tinta pode espalhar e manchar o papel ao ser dissolvida pelo éter. Manda-nos cantar um hino enquanto ela vai escrever a música e a letra, também uma

180   Geziel Andrade

dedicatória à nossa irmã Dulce, no álbum que está em cima da mesa. Próximo à Scheilla está o Fidelinho, com quem ela conversa enquanto escreve e pede-lhe para não colocar o seu dedinho no papel em que está escrevendo, pois pode manchá-lo. O barulho é idêntico ao que ouvimos quando o japonês Tongo escreveu. Tem-se a impressão de que bate com muita força com a mão em cima do papel".

"É bastante evidente que, mesmo no escuro, Scheilla conseguiu escrever o hino, música e letra, como se ela o tivesse trazido pronto, como mostram as figuras".

Também neste caso muito interessante de manifestação musical do Espírito Scheilla, é importante destacar que, nas páginas 136 e 137 do livro citado, podem ser encontradas a Letra e a Pauta do hino "Juventude Abel Gomes", obtido da extraordinária forma acima narrada.

A Música nas Sessões de Materializações de Espíritos Promovidas por Mirabelli, Extraordinário Médium de Efeitos Físicos.

Um outro médium brasileiro que produziu efeitos físicos inteligentes e notáveis, em sessões de materializações de Espíritos muito bem documentadas, foi Carlos, Carmine ou Carmene Mirabelli, nascido em Botucatu –SP, em 02 de janeiro de 1889 e falecido em São Paulo em 01 de maio de 1951.

O pesquisador e escritor Lamartine Palhano Júnior reuniu em seu excelente livro *Mirabelli Um Médium Extraordinário* (Edições CELD, 1ª. Edição, Rio de Janeiro: 1994), as principais realizações dos Espíritos, que se serviram das faculdades desse extraordinário médium.

Entre os fenômenos surpreendentes de materializações de Espíritos, constatamos as seguintes manifestações musicais dos Espíritos. Elas falam por si, pela condição

Os Espíritos, a Música Celeste e a Música Terrena   181

inesperada e forma inusitada em que ocorreram e pela grandiosidade das manifestações físicas inteligentes:

A Música Transcendental

"Depois, à noite, na sala de jantar, manifestou-se o Espírito Cardeal Rampolla, que falou em italiano, durante todo o tempo em que o médium, concomitantemente, escrevia uma linda mensagem, em caligrafia gótica alemã, que foi assinada por Richard Wagner. Pouco antes, ouviu-se, no ambiente, música transcendental, com sons metálicos e de campainhas". (Capítulo 7: Fenômenos de Efeitos Físicos).

A Música nos Extraordinários Fenômenos Ocorridos em 19 De Fevereiro De 1920.

"Extraordinários fenômenos aconteceram, na tarde do dia 19 de fevereiro de 1920. A sessão foi na sala de jantar da residência do médium. Inicialmente, foi ouvido um som vago e indistinto, que parecia ser produzido por uma corda grossa de violão. O médium, então, solicitou que todos fossem para a sala de visitas, onde, provavelmente, produzir-se-iam outros muito mais nítidos. De fato, assim aconteceu e os sons eram mesmo de violão".

"O médium pediu ao Espírito, que já por vezes se tinha ali manifestado, tocando flauta, que se fizesse ouvir uma de suas prediletas canções, mas em tom um pouco mais forte, para ser ouvida por todos. Foi, então, executada uma música que o autor tocava em vida terrena, muito apreciada. Nessa ocasião, o médium foi tomado por um Espírito que disse ser Giuseppe Verdi, e confirmou ser essa a música de que Patapio Silva, flautista brasileiro, mais

182   Geziel Andrade

gostava, pois era ele o músico espiritual ali presente".

"Num outro momento, o médium foi influenciado por um Espírito que se identificou como Floriano Peixoto e disse que seria tocada uma fanfarra militar, que lhe haviam pedido em outra ocasião. O "Marechal" tomou o médium, perfilou-se e reproduziu as vozes de comando, para ser ouvido o toque militar "de presença de general". Foi ouvido o som da fanfarra, tocado pelo violão do plano espiritual".

"Disse, então, o suposto Marechal Floriano que o executor da música fora mesmo Patapio Silva, que atendera à sua ordem. Por ele, também, foi ordenado o toque do Hino Nacional e o Hino de Garibaldi, que comoveu a todos os presentes. Em seguida, compareceu um outro músico, que disse ser Carlos Gomes, e pediu a Patapio que tocasse "O Guarani", no que foi logo atendido".

"Todos os que assistiam a esses efeitos puderam observar *in loco* o interessante fenômeno: Verdi pediu a Patapio que cantasse, acompanhado de violão, aquela sua canção apaixonada, e que puxasse a cadeira para mais perto dos ouvintes. A cadeira, então, foi arrastada por mão invisível até a porta do toilette. Mais, ainda, foi pedido ao Marechal Floriano, que era, nessa ocasião, o diretor espiritual daquelas manifestações espíritas, que, caso fosse possível, o Espírito Patapio se materializasse, pois assim tocaria mais diretamente para todos os presentes. Foi dito, então, que o pedido seria atendido em parte; apenas a mão desse músico seria materializada. Dr. Castro segurou a mão materializada de Patapio, examinou-lhe o pulso, verificando batimentos. O médium, que nesse momento estava consciente, fez o mesmo, e, em seguida, todos os demais assistentes tocaram a mão do Espírito". (Capítulo 10: Depoimento de um Médico. Texto extraído do Depoimento do Dr. Carlos Pereira de Castro, contido

Os Espíritos, a Música Celeste e a Música Terrena   183

no livro *O Espiritismo Científico e as Extraordinárias Mediunidades do Sr. Carlos Mirabelli*, publicado em 1930, com fatos espíritas anotados em atas das sessões e com relatos de muitas testemunhas).

Considerações sobre as Materializações e Manifestações Musicais dos Espíritos Ocorridas no Brasil

Como ficou muito evidente, no Brasil ocorreram diversas sessões de materializações de Espíritos, graças à existência de alguns médiuns extraordinários de efeitos físicos inteligentes. Elas surpreenderam pela grandiosidade dos fenômenos espíritas e marcaram para sempre, pelos fatos e acontecimentos notáveis, os primórdios do Movimento Espírita Brasileiro.

Com relação às manifestações musicais dos Espíritos, acima apresentadas, elas ocorreram na presença de muitas pessoas idôneas e foram muito bem documentadas, garantindo a credibilidade.

Assim, serviram de comprovações incontestes para importantes princípios do Espiritismo, como o da imortalidade da alma, com todas as suas faculdades e com a conservação das mesmas habilidades que possuíam na vida terrena, inclusive as musicais, bem como o da comunicabilidade dos Espíritos, através dos médiuns.

Um outro ponto importante, que salta à vista, foi a magnitude das manifestações físicas e inteligentes promovidas pelos Espíritos, ao terem tido à disposição e contado com as faculdades extraordinárias, notáveis, bem desenvolvidas e direcionadas para as boas realizações dos médiuns brasileiros anteriormente citados.

Elas estão comprovadas e registradas, de um modo

muito apropriado, nos livros citados, graças aos trabalhos sérios dos pesquisadores e escritores espíritas.

Portanto, no Brasil, com as materializações e as manifestações físicas e inteligentes dos Espíritos, a exemplo do que ocorreu no exterior, desde Allan Kardec, esses fenômenos tiveram um papel muito importante a desempenhar na expansão do Movimento Espírita. Mas, chegou um dia em que as manifestações inteligentes, via psicografia, "roubaram a cena", permitindo a publicação de livros notáveis, escritos pelos Espíritos em todos os gêneros literários, confirmando os princípios da Doutrina Espírita e divulgando o Espiritismo por toda parte.

Capítulo III:
Jorge Rizzini: Notável Espírita e Grande Médium Musical Brasileiro

Aprendemos, com os fatos espíritas que vêm ocorrendo desde Allan Kardec, que alguns artistas sofrem fortes influências ocultas dos bons Espíritos. Estes colaboram na realização das suas produções e obras, fornecendo-lhes inspirações, sugestões e idéias mentais, fortalecendo-lhes os conhecimentos, experiências, habilidades e talentos, mas sem tirar-lhes o livre-arbítrio e os méritos.

Neste Capítulo, vamos ver a atuação direta e ostensiva dos Espíritos sobre um médium bem desenvolvido, o que tornou patente muitas manifestações que permitiram a concretização de importantes realizações.

Foi o que ocorreu com Jorge Toledo Rizzini, nascido na cidade de São Paulo-SP, em 25 de setembro de 1924, em uma família espírita, pois sua avó, seu pai e sua mãe já eram espíritas.

Jorge Rizzini tornou-se uma pessoa muito conhecida e respeitada no Movimento Espírita, pelo extraordinário espírito empreendedor e pelas grandes realizações pessoais e mediúnicas. Pode-se dizer que ele tem sido um dos espíritas mais atuantes dentro da seara espírita, tendo atuado, com grande empenho, ao lado de ilustres espíritas, como José Herculano Pires.

Sua extraordinária participação, a partir de 1950, engrandeceu as lides espíritas. Ele divulgou e tomou a defesa pública dos princípios doutrinários, acompanhando de perto as atividades extraordinárias de personalidades famosas e respeitadas, tais como Chico Xavier, Yvonne Pereira, José Arigó e José Herculano Pires.

Jorge Rizzini, com sua diversificada formação de escritor, jornalista, radialista e publicitário, atuou de forma brilhante no Movimento Espírita e prestou inúmeros serviços à causa espírita, notadamente com os estudos do caso Arigó e das materializações de Espíritos ocorridas em Uberaba. Com isso, obteve a comprovação incontestável desses fenômenos espíritas e os divulgou no Brasil e no exterior.

Jorge Rizzini gosta de justificar as suas realizações no meio espírita dizendo que está tendo uma vida terrena muito longa; por isso tem conseguido realizar tantas coisas em prol da Doutrina Espírita. Mas, só isso não explica tudo. O seu amor e a sua dedicação à causa espírita são os principais fatores que lhe possibilitaram realizar feitos relevantes, que determinaram novos rumos para a atuação de muitos espíritas mais jovens.

Primeiro exemplo: Jorge Rizzini foi o primeiro a lançar um programa espírita na televisão brasileira. Na estréia desse programa de entrevistas e debates, intitulado "Em Busca da Verdade", na TV Cultura de São Paulo, o entrevistado foi o famoso médium Chico Xavier, causando grande impacto e obtendo importante repercussão junto ao público espírita e não espírita. Em seguida, para garantir a grande audiência obtida, passou a entrevistar todos os eminentes líderes espíritas, inclusive Deolindo Amorim.

Outro exemplo: sustentou, durante três anos, um programa espírita na Rádio Boa Nova, divulgando os princípios do Espiritismo e obtendo grande audiência.

Os Espíritos, a Música Celeste e a Música Terrena   187

Outro fato: foi o pioneiro no lançamento de uma revista espírita direcionada especificamente para o público infanto-juvenil, com o chamativo título de "Kardequinho".

Outra realização: dirigiu, filmou e produziu inúmeros documentários cinematográficos sobre os grandes vultos do Espiritismo: Allan Kardec, em Paris; Irmãs Fox, nos Estados Unidos; As operações de Arigó; A mediunidade de Chico Xavier; A médium Yvonne A. Pereira; e Herculano Pires e sua obra.

Mas, o que surpreendeu ainda mais, causando admiração e conquistando grande respeito, foi a sua extensa produção literária e mediúnica, a seguir relacionada.

Obras de Autoria Própria:

• Beco dos Aflitos – Contos publicados pela Editora Civilização Brasileira. Obra laureada pela União Brasileira de Escritores, Prêmio Fábio Prado.

• O Sexo nas Prisões – Estudo jurídico publicado pela Editora Nova Época, contendo um parecer do Procurador da República.

• Eurípedes Barsanulfo – O Apóstolo da Caridade (Livro).

• Escritores e Fantasmas (Documentário histórico).

• Materializações de Uberaba (Documentário).

• Kardec, Irmãs Fox e outros. (Livro).

• O Caso Arigó (Documentário).

• A Terceira Revelação (Peça teatral).

• A Visita (Peça teatral).

• Herculano Pires – O Apóstolo de Kardec (Livro).

• O Regresso de Glória (Livro de contos).

• A Verdade sem Véu (A sair).

Literatura Infanto-juvenil

- A Vida de Monteiro Lobato.
- História de Dona Santinha.
- Carlito e os Homens das Cavernas.
- A Cidade Perdida (Peça teatral laureada pelo Departamento de Cultura do Estado de São Paulo, Prêmio Narizinho, em homenagem a Monteiro Lobato).

Biografias Sonoras, com Textos Teatralizados em Cd Gravado por Artistas Famosos da Tv Globo e da Tv Tupi

- A Vida Missionária de Allan Kardec.
- A Vida Maravilhosa de Chico Xavier.

Obras Psicografadas

- Antologia do Mais Além.
- Sexo e Verdade.
- Castro Alves Fala à Terra.
- Guerra Junqueiro no Aquém e no Além.

Músicas Mediúnicas Captadas

- Compositores do Além – Volume 1, contendo músicas populares brasileiras. (Fita cassete à venda pela Editora EME).
- Compositores do Além – Volume 2, contendo músicas nacionais, argentinas e norte-americanas.
- Compositores do Além – Volume 3, contendo músicas líricas italianas.
- Marchas Mediúnicas – Reunidas em um disco compacto.

Os Espíritos, a Música Celeste e a Música Terrena   189

• Músicas do Além – CD com músicas populares brasileiras. (CD à venda pela Federação Espírita do Estado de São Paulo).

Essas obras musicais, captadas pelo médium musical Jorge Rizzini, foram compostas e transmitidas por Espíritos de compositores famosos, tais como: Lamartine Babo, Ataulfo Alves, Ary Barroso, Francisco Alves, Noel Rosa, dentre muitos outros.

Essas surpreendentes manifestações musicais dos Espíritos levaram Jorge Rizzini a idealizar e a realizar os famosos Festivais de Música Mediúnica, que contaram com a participação de músicos brasileiros famosos e importantes.

A Entrevista Realizada com Jorge Rizzini

Jorge Rizzini, sendo uma pessoa muito acessível no Movimento Espírita, foi procurado pelo autor deste livro para que esclarecesse alguns aspectos de sua notável mediunidade musical, que tantos impactos positivos causaram na divulgação da Doutrina Espírita.

O resultado dessa entrevista muito interessante, realizada em agosto de 2006, está apresentado a seguir:

1) – Jorge, quando e como ocorreu a primeira manifestação de sua mediunidade?
— As primeiras manifestações da minha mediunidade surgiram quando eu era criança. A primeira delas ocorreu quando eu estava entre 7 e 8 anos de idade. Eu coloquei a mão na face de minha mãe e orei pedindo a Jesus que a livrasse de uma dor nos dentes que a fazia sofrer muito. E a dor passou rapidamente. Depois disso, ainda menino, senti muitas vezes, fisicamente, a presença dos Espíritos.

190   Geziel Andrade

2) – Quando a sua mediunidade musical aflorou de maneira ostensiva?
— Creio que foi a partir de 1978.

3) – Qual foi a primeira música dos Espíritos que marcou o início de sua mediunidade musical?
— A primeira música foi uma marchinha, sem grandes pretensões, intitulada "Promessa é dívida".
Foi um marco em minha vida mediúnica, porque vi o Espírito Ataulfo Alves atravessar a porta de meu quarto, cantando a seguinte estrofe:
"Promessa é dívida,
Tem de pagar.
Por isso eu vim Manuel
Aqui cantar".
Ataulfo Alves se referia ao meu Espírito–guia Manuel de Abreu.
Em seguida, surgiu o Espírito Lamartine Babo, cantarolando:
"A morte não mata ninguém.
E a prova é que eu volto da pátria do Além.
Para pagar a promessa
E cantar para o povo também".
E ambos desapareceram de meus olhos atônitos.
Peguei, então, um gravador e registrei as letras e as melodias.
Posteriormente, Roberto Amaral, um cantor da antiga TV Record, gravou esta deliciosa marchinha.

4) – Você estudava música, tocava algum instrumento musical ou compunha música quando aflorou a sua mediunidade musical?
— Não. Nunca estudei música; não toco nenhum instrumento, nem de ouvido; não canto; e, pior ainda, não sou afinado.

Os Espíritos, a Música Celeste e a Música Terrena   191

Apenas gosto muito de qualquer gênero de música, inclusive ópera, e, acredite, música árabe. Por exemplo, ignoro por completo o que a maravilhosa "FAIRUZ" canta, mas as melodias comovem-me de tal modo, que as lágrimas descem pelo meu rosto. Creio que já vivi várias reencarnações na terra do Profeta Maomé.

Certamente, a paixão pela música é que fez com que os compositores do Além sentissem afinidade comigo e aceitassem o convite do meu Espírito-Guia, Manuel de Abreu, para que me transmitissem algumas composições inéditas.

Sou grato, pois, aos Espíritos Verdi, Puccini, Carlos Gardel, Duke Ellington, John Philip Souza, Noel Rosa, Ary Barroso e muitos outros.

5) – Quando ocorreu a inserção da sua mediunidade musical no Movimento Espírita? Houve facilidade ou surgiram alguns conflitos em função de ela ser uma mediunidade rara?

— Houve facilidade, porque eu já havia psicografado a obra "Antologia do Mais Além", contendo poesias de 44 poetas brasileiros, portugueses e norte-americanos. Entre eles estão: Anchieta, o fundador da literatura brasileira, Camões, Castro Alves, Edgard Allan Poe, Florbela Espanca e o Cego Aderaldo, que, certamente, foi o mais notável repentista no norte e nordeste do Brasil.

Essa obra mediúnica foi prefaciada pelo meu grande amigo Herculano Pires.

Com relação às músicas mediúnicas, (a exemplo do ocorrido com as poesias), cada uma delas apresenta o mesmo estilo que o compositor do Além tinha quando estava vivo na Terra. Isso era tão incontroverso que foram facilmente aceitas para serem graciosamente gravadas por grandes cantores profissionais, como a Cláudia, o Noite Ilustrada, o Djalma Dias, a Banda da Polícia Militar do

Estado de São Paulo. Esta Banda gravou a marcha "Glória a Allan Kardec", causando uma grande repercussão junto ao público pela sua originalidade e beleza.

6) – Esse seu trabalho mediúnico foi realizado em algum Centro Espírita ou dentro do seu próprio lar?

— O meu trabalho mediúnico é realizado em meu lar, no silêncio da noite, porque exige muita precisão.

7) – De que forma os Espíritos dos compositores famosos, tais como Lamartine Babo, Ataulfo Alves, Noel Rosa, Ary Barroso, dentre outros, comparecem para transmitir-lhe as suas músicas, servindo-se de sua mediunidade musical?

— Durante o trabalho mediúnico, mantenho um pequeno gravador sobre a mesa do escritório que tenho em casa. Nele gravo, a meia voz, as músicas que os Espíritos me transmitem telepaticamente. São sambas, marchas de variados tipos, tangos, blues e canções líricas.

8) – Há a participação do público no momento do recebimento das músicas dos Espíritos?

— Não, apenas a dos compositores do Além, porque o trabalho é feito na calada da noite. Além disso, a captação mental das músicas é, a meu ver, muito mais difícil do que a captação de textos em prosa ou verso.

Sou médium consciente, o que vale dizer que, se o entrosamento da minha mente com a do Espírito não for perfeito, pode ocorrer que a melodia tome uma direção contrária à que o Espírito deseja. Quando acontece tal fato, ele chama a minha atenção, promovendo batidas nos móveis. Então, torno a gravar a melodia.

As minhas limitações são que não sei escrever música, nem sou médium inconsciente. Caso contrário, certamente receberia inclusive sinfonias e peças pianísticas.

Os Espíritos, a Música Celeste e a Música Terrena   193

Eis por que só me é possível captar e gravar as melodias e as respectivas letras. Porém, o estilo da melodia identifica perfeitamente os autores espirituais.

9) – Como surgiu a idéia de criar o Primeiro Festival de Música Mediúnica, que foi realizado, em 1982, no grandioso e famoso Teatro Municipal de São Paulo?
— A idéia de se criar esse Festival deveu-se ao meu Espírito-Guia Manuel de Abreu.

Certo dia, estando eu em frente ao Teatro Municipal de São Paulo, refleti que, tendo a posse de tantas músicas com estilos e gêneros musicais tão diversificados, que davam provas incontestes da sobrevivência da alma dos seus autores, o festival proposto pelo meu Espírito-Guia deveria realizar-se no palco de um grande teatro aberto ao público. Então, tive a intuição que esse palco deveria ser o do imponente Teatro Municipal de São Paulo. Mas, como consegui-lo?

Impulsionado pela espiritualidade, fiz uma visita ao Secretário Municipal de Cultura de São Paulo, o poeta e crítico literário Mário Chamie, detentor do Prêmio Nacional de Poesia e do Prêmio Jaboti da Câmara Brasileira do Livro.

Cabe ressaltar que não nos conhecíamos pessoalmente, mas a nossa conversa inicial sobre literatura facilitou-me a tarefa... e eu, ao citar o nome de Herculano Pires, ouvi Chamie falar de sua grande admiração pelo nosso distinto confrade.

Então, aproveitei a oportunidade para referir-me à biografia do querido e ilustre Herculano Pires que eu andava a redigir.

O momento tornou-se muito propício e eu, sem delongas, pedi-lhe que me cedesse o Teatro Municipal para realizar o citado Festival.

Geziel Andrade

Acredito que a ação dos Espíritos foi fulminante. Ele, sem sequer ouvir uma das músicas dos compositores do Além a mim confiadas, atendeu ao meu pedido prontamente.

Julgo que o impacto máximo, no dia do espetáculo, já ocorreu na abertura, quando a notável Banda da Polícia Militar, em sua farda de gala, abriu o Festival com a marcha triunfal "Glória a Allan Kardec", arrebatando e levando ao êxtase o público que lotava o Teatro.

10) – Como o Movimento Espírita reagiu às suas iniciativas e realizações no campo da mediunidade musical? Você foi alvo de algumas críticas e desconfianças? A Federação Espírita do Estado de São Paulo ou outra instituição espírita aceitaram e o apoiaram na concretização e na divulgação da sua obra de música mediúnica?

— Houve fácil aceitação. Isso porque, de início, eu já havia mostrado as músicas recebidas a diversos cantores e instrumentistas profissionais. Eles reconheceram, de pronto, o estilos dos Espíritos comunicantes, abrindo o caminho para a divulgação pública.

Os Diretores da Federação Espírita do Estado de São Paulo e da USE apoiaram-me integralmente na difusão do espetáculo pioneiro que então seria realizado. Mas, a primeira instituição a fazê-lo foi o Lar da Família Universal, na pessoa do confrade Paulo Toledo Machado, que se incumbiu, única e exclusivamente, de confeccionar os ingressos do Festival que seria realizado no Teatro Municipal. Não houve nada mais além disso. De minha parte, doei os proventos do espetáculo e do disco lançado para o Lar e a USE, para colaborar na aquisição de uma sede própria. Esta é a verdade histórica sobre o primeiro Festival de Música Mediúnica.

Os Espíritos, a Música Celeste e a Música Terrena   195

11) – Qual foi a repercussão junto ao público com a realização desse Festival de Música Mediúnica?

— A repercussão em benefício da Doutrina Espírita foi muito grande. A partir de então, até o ano de 2006, foram realizados: 4 festivais na cidade de São Paulo; 1 em Salvador; 3 shows de música mediúnica no Estado da Bahia e 2 no interior do Estado de São Paulo; além de 11 espetáculos doutrinários, que, pela originalidade e beleza, mereceram destaque em diversos canais de televisão e jornais profanos. Basta consultar as revistas "Veja" e "Carta Capital", além dos jornais "Folha de São Paulo", "O Estado de São Paulo", "O Dia", "O Globo" etc.

Lembro-me de que a televisão francesa, o Canal 1 de Paris, filmou, em São Paulo, a Banda da Polícia Militar executando a marcha "Glória a Allan Kardec". Depois, a divulgou pelo mundo inteiro.

12) – Quais os fatos mais marcantes que ocorreram em seu trabalho com a música mediúnica?

— Os fatos que mais marcaram o recebimento das músicas dos compositores do Além foram os reconhecimentos da autenticidade nos estilos dos autores espirituais, por parte de Joel Azevedo, filho de Leonel Azevedo; de Maria José Babo, viúva de Lamartine Babo; de Dona Judith, viúva de Ataulfo Alves, dentre outros parentes. E, evidentemente, o reconhecimento estilístico dos cantores e dos instrumentistas.

Outro fato marcante foi a vinda do Espírito Noel Rosa à minha casa para me transmitir uma bela melodia, cuja letra era um poema psicografado por Chico Xavier, em minha presença, em Uberaba, trinta anos antes, isto é, em 24 de novembro de 1962. Foi a origem do samba intitulado "Canções", gravado pelo conhecido cantor Djalma Dias.

13) – *Houve pareceres sobre as músicas mediúnicas recebidas por você?*

— Houve diversos pareceres. Os principais foram os seguintes:

Parecer do Maestro Amilson Godoy:
"O que caracteriza o estilo de um compositor é a maneira como ele utiliza os encadeamentos harmônicos, cria a linha melódica e o desenvolvimento rítmico, identificando, assim, sua individualidade artística. Nas músicas que a mediunidade de Rizzini trouxe à Terra impressionou-me a variedade de estilos, na utilização dos elementos rítmicos e melódicos percebendo-se claramente a presença dos Espíritos nessas composições".

Parecer do Maestro Francisco Cabrerisso do Corpo Musical da Polícia Militar do Estado de São Paulo:
"No caso de "Súplica", por exemplo, música que traz a assinatura de Ary Barroso Espírito, está realmente, presente nela o estilo desse compositor, não só no aspecto melódico, mas também, no rítmico. As diversas variações de divisão de valores caracterizam bem o estilo do referido autor".

Parecer de Araci de Almeida:
"Se é Noel Rosa não sei, mas é o estilo dele! Chega a ser gritante, porque é tão bom, é tão igual... Ah!, essa música eu gravava!"

Parecer de Maria José Babo:
"As melodias de Lamartine têm uma linha purista. Conheço o estilo de meu marido. Só ele poderia fazer essa música do Além".

Os Espíritos, a Música Celeste e a Música Terrena   197

Parecer da cantora Cláudia:
"Acho as músicas captadas por Rizzini de alto nível. É um trabalho espiritual de muita importância, por isso sinto alegria em colaborar com o Festival".

Parecer de Rodolfo De Sio, cantor argentino:
"Foi com uma emoção muito grande que recebi o convite para gravar duas músicas mediúnicas de Carlos Gardel, recebidas pelo Rizzini. São tangos muito bonitos. Eles contêm uma mensagem que deve ser bem entendida no todo, tanto na riqueza da letra, como na riqueza da música".

Parecer do cantor Roberto Amaral:
"Quando ouvi essas melodias recebidas pelo Jorge Rizzini, fiquei até arrepiado; principalmente quando ouvi a primeira, do Ary Barroso. Parecia o Ary mostrando uma nova música dele. Conheci o Ary Barroso quando ele trabalhou numa emissora daqui de São Paulo. Convivi com o Ataulfo Alves, que era meu amigo particular. No início de minha carreira conheci o Lamartine Babo pessoalmente. Eu sinto o retorno daquele convívio que tive com eles. Eu conheci e interpretei músicas que eles compuseram aqui na Terra, porque sou um profissional com trinta e cinco anos de carreira. A coisa mais importante é o fato de eles se identificarem nos seus estilos".

Parecer de Antonio Domingos, Maestro e Comandante do Corpo Musical da Polícia Militar do Estado de São Paulo:
"Considero um privilégio – uma honra mesmo, reger essa música mediúnica de John Philip Souza. Eu era criança quando ouvi, pela primeira vez, maravilhado, suas marchas militares. Foi, portanto, por influência dele que

ingressei no Corpo Musical da Polícia Militar. Há dois anos passados, fui aos Estados Unidos visitar o Museu John Philip Souza. Conheço todas as suas músicas e passei parte da vida regendo-as. E agora, como vou aposentar-me, dentro de semanas, considero um prêmio gravar diante das câmaras da TV Globo a sua marcha-hino "Glória a Kardec". É belíssima e tem todas as características de John Philip Souza".

14) – Para finalizar, qual a grande importância que você atribui às manifestações musicais que os Espíritos promoveram através de sua mediunidade?

— A música mediúnica é mais uma prova incontestável de que a morte mata apenas o corpo, mas não mata a consciência, como muito bem acentuou o Espírito Aderaldo em um de seus poemas que tive a honra de psicografar.

Considerações do Autor deste Livro Sobre as Importantes Realizações do Médium Musical Jorge Rizzini

Jorge Rizzini conquistou, com esforços perseverantes, um lugar de destaque e de honra no Movimento Espírita.

Graças às suas importantes realizações, que foram apresentadas acima, o Espiritismo ganhou credibilidade e o Movimento Espírita ampliou-se e fortaleceu-se enormemente, conquistando a participação de muitos outros valiosos trabalhadores.

Especificamente com relação às realizações no campo da música dos compositores do Além, Jorge Rizzini veio somar-se aos outros médiuns que deram provas incontes-

Os Espíritos, a Música Celeste e a Música Terrena   199

táveis de que a alma dos músicos mantém as suas características e habilidades na vida espiritual, podendo, perfeitamente, transmitir novas composições musicais e dar provas irrefutáveis da imortalidade e da comunicabilidade com os homens.

CAPÍTULO IV:
Marli Simões Fabris:
Médium Psicógrafa e Musical

Na atualidade, o Movimento Espírita Brasileiro conta com diversos médiuns que se dedicam ao recebimento de músicas dos Espíritos.

Esse é o caso da médium Marli Simões Fabris, nascida no ano de 1954 e residente na cidade de Ribeirão Preto, Estado de São Paulo. Trabalha com seu marido numa empresa de representações comerciais e tem dois filhos.

Atendendo ao nosso convite, essa médium dispôs-se gentilmente a responder às perguntas abaixo apresentadas, que lhe foram dirigidas, visando reunir neste Capítulo as suas principais experiências com a música mediúnica.

1 – Marli, como você se tornou espírita?

— Eu nasci em família católica. Até os meus 15 anos, acompanhei a religião que meus pais me ensinaram. Sempre fui muito religiosa e seguia com seriedade os rituais aprendidos.

Adquiri muito medo dos Espíritos. Eu os associava às pessoas que morreram, mas evitava falar sobre eles, porque acreditava que podiam aparecer para as pessoas usando um corpo espiritual igual ou pior ao que haviam deixado no momento do velório.

Se alguém me dissesse que um dia eu viria a ser médium e poderia ver, ouvir e trabalhar com os Espíritos, creio que teria tido um choque fatal.

Outro fato que certamente agravou o meu medo dos Espíritos foi ter existido nas proximidades de casa algumas reuniões espíritas bastante distorcidas. Minha mãe, vendo aquilo e desconhecendo os ensinamentos de Allan Kardec, preveniu-nos, com cuidados velados, para mantermo-nos afastados daqueles locais onde ocorriam manifestações dos Espíritos.

Na realidade, eu tive visões e percepções mediúnicas desde a infância, mas não as compreendia. Às vezes, eu via cenas aterrorizantes e entrava em pânico. Então, pedia socorro à minha mãe, descrevendo-as. Ela rezava comigo, procurando desviar os meus pensamentos e arranjando desculpas para eu esquecer aquilo que eu própria descrevia.

Ela não compreendia que era assédio dos Espíritos perturbadores ou sofredores e me envolvia com seu amor, fazendo o que julgava certo até que tudo melhorasse.

Eu tinha muito medo de ficar "louca", em decorrência desses problemas espirituais e mediúnicos, que ainda eram desconhecidos da maioria das pessoas.

Quando conheci meu esposo, por volta dos 15 anos de idade, ele me disse que era espírita. Isso me causou um certo constrangimento, pois os meus preconceitos falavam alto. Mas ele era uma pessoa muito especial: tinha muita paciência e foi me ensinando coisas espirituais que eu antes não conseguia compreender.

Mais tarde, conhecendo seus pais, que eram pessoas sérias, idôneas e de alta elevação moral, concluí que o Espiritismo deveria ser uma doutrina boa e que, certamente, aprendiam boas coisas no Centro Espírita em que freqüen-

Os Espíritos, a Música Celeste e a Música Terrena   203

tavam. Mas, mesmo assim, não consegui acompanhá-los, embora já não me incomodasse tanto o fato de meu esposo ser espírita.

Três anos depois de meu casamento (na igreja, é claro), fiquei grávida do meu primeiro filho. Eu já não ia mais à igreja, porque não tinha companhia, mas também não conseguia ir ao Centro Espírita, nem ler algo sobre o Espiritismo.

Às vezes, percebia manifestações dos Espíritos. Então, eu orava rogando a Deus que me protegesse e que não permitisse que eu visse mais aquelas coisas estranhas.

Lembro-me perfeitamente de que na última semana da minha gestação, eu fui dormir e acordei pela madrugada com uma sensação agradável. Parecia estar diante de presenças amigas que não conseguia identificar. Pela primeira vez não tive medo das manifestações visuais e das percepções, que sabia, não eram sonhos.

Acomodada na cama, quase sentada por causa da dificuldade em respirar pelo estado adiantado de gestação, olhei para a parede lateral de meu quarto e vi uma cortina esvoaçante. O fato estranho era que ali não havia cortina e um vento soprava, fazendo com que ela se abrisse e fechasse lentamente. A cada vez que isso acontecia, aparecia parte do nome de uma pessoa. Na terceira vez que isso aconteceu, o nome se completou. Eram letras pretas, grandes, legíveis, escritas em um tecido salmão: "Eurípedes Barsanulfo".

Eu não compreendi do que se tratava. O acontecimento estranho me pareceu, a princípio, ser uma sugestão para o nome de meu bebê; mas o nome já estava escolhido.

Sem entender a estranha cena, senti-me envolvida numa emoção muito forte e agradável. Então, consegui pensar em Jesus e agradecer-lhe por tudo o que possuía e pedir-lhe para que protegesse o meu filhinho que iria nascer em breve. Chorei de emoção e dormi em seguida.

Quando acordei, no dia seguinte, contei ao meu esposo o fato estranho que me havia acontecido. Quando mencionei o nome que me apareceu escrito, ele mudou imediatamente o semblante. Exaltou-se, pedindo-me que confirmasse tal nome. Em seguida, ligou para a minha sogra. Esta, algum tempo depois, surgiu em minha casa. Eu não conseguia compreender o porquê de toda aquela agitação. Então, falaram-me a respeito de Eurípedes Barsanulfo.

Como outras visões me ocorreram, comecei a perguntar em minhas orações:

— Quem são vocês? O que querem comigo? O que devo fazer?

Nenhuma resposta surgiu. Outro fato interessante foi que começaram a construir uma praça num terreno baldio que existia na esquina de casa. Quando ficou pronta, para a minha surpresa, deram-lhe o nome de Eurípedes Barsanulfo. Essa praça foi inaugurada três meses depois com uma palestra do ilustre companheiro Divaldo P. Franco. Eu assisti a ela no portão de casa. Foi a primeira palestra espírita que ouvi.

Dias depois, curiosa, descobri e adquiri o livro *O Homem e a Missão* que descreve a vida de Eurípedes Barsanulfo. Foi o primeiro livro espírita que li. Senti profunda emoção e a sensação de que já conhecia alguns dos lugares descritos no livro, pois eram muito parecidos com os que eu visitava quando, em sonhos, era levada a eles por seres espirituais.

Não parei mais de ler livros espíritas. As percepções espirituais aumentaram e esforcei-me em compreender o que acontecia comigo. Estudei o Espiritismo para esclarecer muitas das dúvidas religiosas e desfazer os equívocos que foram se acumulando durante toda a minha existência. Além disso, passei a freqüentar o Centro Espírita para tomar

Os Espíritos, a Música Celeste e a Música Terrena   205

passe. Assim, continuei a estudar a Doutrina Espírita com empenho por muitos anos, até que, um certo dia, consegui enfrentar o julgamento de minha família e assumi que havia mudado de religião. Assim me tornei Espírita.

2 – *Como ocorre a educação e a prática de sua mediunidade?*

— Como já disse, a mediunidade me acompanhou desde a infância. Com o estudo do Espiritismo, descobri o que era a mediunidade, entendi os meus contatos com os Espíritos e compreendi as cenas que só eu podia ver e sentir. Aprendi os processos e o que precisava fazer para controlar, direcionar e lidar, de uma forma coesa e segura, tudo aquilo que acontecia comigo.

Finalmente, descobri que tinha uma ferramenta de trabalho muito importante em minhas mãos. Precisava apenas adestrar-me melhor para usá-la com eficiência e segurança. Convenci-me de que a mediunidade pode nos ajudar e levar ao progresso. Porém, aprendi, também, que, se estiver descontrolada, ou for mal empregada, pode criar situações embaraçosas e gerar dívida para outra existência.

Uma decisão importante foi me inscrever num grupo de estudos mediúnicos. Lá aprendia a usar a mediunidade com segurança e naturalidade. Mas, descobri que estava grávida novamente. Então, fui aconselhada a afastar-me dos trabalhos de desenvolvimento mediúnico para não prejudicar minha saúde. Assim, passei apenas a tomar passe e a submeter-me a um tratamento espiritual visando o equilíbrio de minha condição geral.

Infelizmente, a minha filha nasceu com problemas de saúde delicadíssimos, que se desdobraram nos seus primeiros anos, exigindo-me cuidados intensivos.

Mesmo assim, os sintomas da mediunidade não me deram folga. Um dia, exausta de correr com ela de médico em médico, senti-me envolvida por criaturas sofredoras e necessitadas de auxílio. Supliquei, então, a Jesus, que me desse um tempo, para que eu pudesse me dedicar somente aos meus filhos, cuja guarda Deus havia me confiado. Quando eles crescessem e não fossem mais tão dependentes de mim, eu retornaria prontamente ao trabalho mediúnico.

Felizmente, a partir de então, não senti mais nenhuma manifestação mediúnica por durante dez anos. Apenas continuei a ler e a estudar tudo que caía em minhas mãos sobre o Espiritismo. Além disso, mantive alguns contatos agradáveis com pessoas que tive a oportunidade de conhecer. Visitando a cidade de Sacramento, junto com meu esposo e filhos, descobri que a visitava em desdobramento, pois já conhecia certas paisagens que me eram mostradas em algumas atividades espirituais de estudo.

Jamais parei de buscar orientações e soluções em obras espíritas seguras e instrutivas. Precisava estar preparada para quando terminasse o tempo que eu havia pedido a Jesus. Assim, esse dia chegou.

Estávamos numa clínica onde minha filha, já com doze anos, ia submeter-se a uma cirurgia de olhos. Eu estava, como toda mãe, muito tensa com o procedimento que exigia anestesia local e equilíbrio emocional para o seu sucesso.

Eu não consegui ficar no saguão destinado à espera. Saí com meu esposo para respirarmos melhor. Encostamo-nos num carro que estava estacionado no lado de fora. Aconteceu então o inusitado: de repente, comecei a ver cenas, além do ambiente normal, como se passassem numa tela que estava ao nosso lado. Vi o centro cirúrgico. A minha filha estava acomodada e o médico executava o seu trabalho. Ao seu lado, uma criatura iluminada direcionava a sua mão. Acima do ambiente normal, havia vários

Espíritos, como se estivessem em círculo. Eles projetavam luzes peroladas sobre ela e o médico. Além disso, num canto à esquerda, havia um banco, onde percebi a figura de minha avó materna, desencarnada há alguns anos. Ela estava concentrada em prece.

O anestesista conversava com a minha filha que respondia aos seus questionamentos com um sorriso que eu já conhecia. Ele a provocava, fazendo perguntas sobre as suas paqueras. Chorei de emoção e descrevi a meu marido a cena que se me descortinava aos meus olhos espirituais.

Quando a secretária nos chamou no balcão, ouvimos as boas notícias que confirmavam a realidade que eu acabara de ver e descrever.

A cirurgia havia transcorrido tranqüila, como eu havia visto espiritualmente. Então, senti ali que o tempo que eu havia pedido a Jesus tinha se expirado.

Decidi, assim, voltar ao Centro Espírita que costumava freqüentar e ofereci-me para trabalhar no que fosse necessário. Fui acolhida com alegria e o trabalho jamais faltou. Voltei a estudar e a me preparar junto ao grupo mediúnico. Comecei também a transmitir passes.

Poucas semanas depois, nos momentos finais do trabalho de atendimento fraterno, eu ouvi alguém ditar uma poesia. Orientei-me com o líder do grupo e escrevi em seguida o que recebia. O poema passou pelo crivo de vários companheiros que avaliaram o conteúdo.

Em função disso, convidaram-me para participar das reuniões mediúnicas, onde passei a psicografar mensagens, músicas e histórias. Algumas delas acabaram se tornando romances que foram publicados.*

Atualmente, trabalho no Centro Espírita Amor e Ca-

---

* **NOTA DO EDITOR** – A Editora EME publicou os seguintes títulos: *A Força do Amor*, *Entre Chamas e Flores* e *Um Novo Amanhecer*.

208 Geziel Andrade

ridade, onde é feito o estudo de *O Livro dos Médiuns* sob a minha responsabilidade, e na União Espírita de Ribeirão Preto, onde participamos do atendimento fraterno, passes, estudos direcionados e reunião de desobsessão.

3 – Como surgiram as primeiras músicas decorrentes de sua mediunidade musical?

— A primeira música foi uma inspiração de agradecimento a Jesus. Eu tinha recebido a oportunidade e o prazer de trabalhar no passe. Ali, via cenas indescritíveis de cirurgias e tratamentos. Tive também pequenas revelações que me ajudaram a esclarecer situações confusas. Nesse trabalho, colhi e ainda colho muitas bênçãos espirituais, inclusive a primeira música que me foi transmitida da mesma forma que a primeira poesia, depois do trabalho do passe.

A segunda música foi uma homenagem à Dona Anna Pitta, fundadora da nossa Casa. O pessoal do Centro Espírita queria fazer-lhe uma homenagem. Então, alguém sugeriu que escrevêssemos algo para ler na comemoração do aniversário de fundação da Casa. Sabendo que eu tinha recebido uma música psicografada no encerramento do passe, propôs que pedíssemos a ajuda dos Espíritos para escrever uma canção de nosso agradecimento à querida mentora.

Quando me concentrei para ajudá-los, surgiu a inspiração da letra, que se encaixou perfeitamente numa música instrumental que se manteve em minha mente durante o dia todo. A música recebeu o nome de Retrato de um Sorriso.

4 - Você estudava música, tocava algum instrumento musical ou compunha música quando aflorou a sua mediunidade musical?

— Eu sempre gostei muito de música clássica e também admirava os grandes compositores da MPB. Por isso,

Os Espíritos, a Música Celeste e a Música Terrena 209

durante algum tempo, eu tentei aprender a tocar violão, mas as obrigações com o lar, os filhos e o trabalho não me deixaram ter grande sucesso.

Mesmo assim, cheguei a fazer um curso de violão popular e a tocar algumas músicas com o auxílio do meu caderno cifrado. Não consigo ler partitura, nem tocar sem o meu caderninho marcado. Apenas tenho bom ouvido. Por isso, consigo marcar as músicas que recebo encontrando a harmonia delas nas cifras conhecidas. Felizmente, como alguns músicos freqüentam os nossos trabalhos, eu tenho pedido a ajuda deles para corrigir e escrever na partitura as músicas que recebo mediunicamente.

5 – Você psicografou os romances mediúnicos A Força do Amor, *de autoria do Espírito Tomás;* Entre Chamas e Flores, *do Espírito Jean Pierre; e* Um Novo Amanhecer, *do Espírito Rita de Cássia, publicados pela Editora EME. O que é diferente entre receber romances e músicas mediúnicas?*

— Os romances, as músicas e as mensagens espirituais chegam pela mesma via mediúnica. A diferença está no preparo interior e no tempo que essas tarefas requerem.

Uma música, às vezes, surge em dez ou quinze minutos, enquanto para psicografar um romance demora mais de ano, pois, muitas vezes, escrevo apenas duas vezes na semana.

Eu nunca escolho a tarefa a ser realizada. Apenas me organizo e coloco-me à disposição dos Espíritos amigos. Eles preparam tudo previamente. Então executo o que eles determinam, atendendo ao que trazem pronto.

6 – Como você avalia a sua mediunidade musical?

— Creio que poderia ser um intérprete melhor para os Espíritos se eu tivesse estudado música e dispusesse de maior tempo e tranqüilidade para isso. Sou muito requisitada para cuidar dos problemas de saúde em família. Penso que é a minha tarefa principal, da qual não posso fugir sem prejuízo grave.

Assim, tenho tido dificuldade em captar todas as sublimidades musicais que vêm de planos diferentes do nosso. Apesar disso, cada música que recebi dos Espíritos tem uma história diferente que a antecede. Nunca recebi uma melodia sem que um acontecimento marcante me tenha direcionado para a sua psicografia.

No processo de recepção, algumas vezes, são vozes que me falam; outras vezes, são cenas que se descortinam; mas geralmente ouço o cantor espiritual cantando a música. Então, escrevo a letra e gravo a melodia com a minha voz.

Felizmente, as minhas experiências, relativas à música mediúnica, estão crescendo e já abrangem mais de trinta músicas, escritas sob a inspiração dos Espíritos compositores. Algumas com letra e música. Outras apenas com letras, que são adaptadas em músicas já existentes. Esse resultado, embora ainda modesto, tem contribuído para a orientação e o incentivo em situações específicas que ocorrem em meu trabalho de atendimento fraterno.

7 - Você está trabalhando para inserir a sua mediunidade musical no Movimento Espírita?

— Sim. No ano passado, fizemos um estudo sobre "A Música Celeste", com base num Capítulo que consta no livro *Obras Póstumas*, de Allan Kardec. Com esse estudo, esclareci muitas dúvidas que tinha sobre as minhas experiências particulares.

O pessoal da minha sala de aula gostou tanto das informações que ilustravam o nosso estudo, que a direção da nossa Casa acabou me convidando para fazer uma palestra, visando levar o assunto a um número maior de pessoas.

Os Espíritos, a Música Celeste e a Música Terrena   211

Nessa palestra, conto fatos curiosos em que, em desdobramento espiritual, ouço músicas elevadas e encontro-me com compositores do Além, como João Cabete.

Ainda, falo do recebimento, por via mediúnica, da letra e música de uma composição muito bonita e espiritualizada. Para ilustrar, eu e o meu esposo cantamos a canção, enquanto o acompanho ao violão.

A repercussão tem sido boa e já recebi convite de várias outras Casas para falar sobre o mesmo tema. Só lamento não ter mais recursos musicais para divulgar melhor as músicas que recebo via mediunidade. Reconheço as minhas limitações musicais, mas mesmo assim, eu e meu esposo pretendemos divulgar melhor o tema músicas mediúnicas.

8 – Você prefere realizar o seu trabalho no campo da música mediúnica no Centro Espírita ou dentro do seu próprio lar?

— Eu normalmente recebo as músicas e outras comunicações dos Espíritos no Centro Espírita. Tenho a liberdade de ir lá em horários de maior silêncio para filtrar adequadamente essas vibrações tão sublimes.

Eventualmente, eu recebo as inspirações dos Espíritos nos momentos especiais em que estou estudando ou fazendo minhas orações em casa.

Felizmente, eles têm transmitido as suas músicas quando estou de posse do gravador, porque se eu não gravar em seguida, esqueço completamente a melodia que me foi transmitida.

9 - Há a participação do público no momento do recebimento das músicas dos Espíritos?

— Geralmente não. Numa das Casas Espíritas, as reuniões mediúnicas são fechadas ao público. Na outra, realiza-se uma reunião aberta, com uma platéia que já está acostumada a acompanhar esse meu trabalho mediúnico. No final, são lidas as comunicações, mensagens e orientações psicografadas.

Numa dessas reuniões, recebi uma bela música do Espírito Tim Maia. Nesse dia, li a letra omitindo o nome do autor para não gerar discussões inúteis em torno da autenticidade do autor.

10 – Houve alguma experiência muito marcante que ocorreu em seu trabalho com a música mediúnica?

— Sim, foi o modo pelo qual, em 1998, conheci o Espírito João Cabete. (Este músico nasceu em São Paulo-SP, em 03 de abril de 1919 e desencarnou em 26 de agosto de 1987. Escreveu mais de 200 composições, muito apreciadas pelos músicos e pelo público em geral. Teve uma atuação importante no Movimento Espírita).

Lembro-me de estar num lugar muito bonito. As luzes indiretas estavam bem posicionadas, as paredes eram revestidas com madeira bem trabalhada e o local era decorado com prateleiras de vidro e espelhos de vários formatos. Parecia que era parte de um imenso salão, com poltronas confortáveis nas laterais e bancos altos em volta de um balcão.

Tive a impressão de que o recanto se localizava no canto de um saguão de hotel. O assoalho brilhava, refletindo a imagem dos móveis e, particularmente, de um instrumento musical semelhante a um violão elétrico, colocado em seu suporte de descanso.

O local vazio, e alguns objetos fora de lugar sugeriam que as atividades rotineiras já estavam encerradas.

Vi-me sentada em um banco alto esperando que algo acontecesse, embora não soubesse precisar o quê. De repente, alguém entrou lentamente por uma porta larga, esculpida com muito bom gosto.

Os Espíritos, a Música Celeste e a Música Terrena 213

Era um homem alto, magro, aparentando ter entre cinqüenta ou sessenta anos de idade.

Ele veio ao meu encontro com um sorriso muito simpático. Parecia que já nos conhecíamos há muito tempo; porém, nada disse. Apenas colocou-se à vontade, sentando-se à minha frente.

Para minha surpresa, tomou o instrumento musical, ajeitou-o rapidamente e começou a tocá-lo. Surgiu uma linda melodia no ar, cantada divinamente.

Esforcei-me para ouvi-la sem questionamentos. Aquela música maravilhosa induzia-me a recordar coisas muito agradáveis, que me provocavam até arrepios.

A letra era uma linda oração. Fazia um agradecimento a Deus e falava das dádivas e do aprendizado que o sofrimento lhe havia trazido.

Mergulhei nas emoções daquele acontecimento inesperado e fiquei descontraída desejando que ele jamais terminasse. Porém, num certo momento, a música parou. Ainda em meu encantamento, tive a idéia de pedir-lhe que me permitisse gravar a canção, para poder ouvi-la outras vezes e mostrá-la a outras pessoas. Felizmente, ele consentiu.

Aconteceu, então, algo muito estranho. Lembro-me muito bem de que, mesmo em desdobramento espiritual, fui até o cesto de revistas, no banheiro de minha própria casa, onde guardava um pequeno gravador. Era como se a minha casa estivesse no lado de fora daquele local. A minha facilidade de locomoção era incrível. Pude ir e voltar ao local com muita agilidade. Quando regressei, em segundos, com o aparelho nas mãos, acionei-o imediatamente. Então, o músico desencarnado, demonstrando muita paciência e simpatia, cantou novamente aquela linda música que eu gostaria de que nunca tivesse terminado.

Eu estava muito feliz, porque tinha certeza de que,

com a gravação da música no aparelho, poderia ouvi-la novamente, quando desejasse.

Surpreendeu-me o olhar, os gestos de simpatia e respeito e o sorriso do músico desencarnado. Ele me envolveu como um pai amoroso que pretende ensinar algo para uma filha, embora não me parecesse suficientemente velho para isso.

Quando tudo isso terminou, descobri que estava em minha cama e que tudo tinha a aparência de um sonho. Recordava-me ainda dos últimos acordes e tentei desesperadamente retê-los na memória, porém, sem sucesso.

Senti que, aos poucos, a música ia se me apagando da mente. Tentava, inebriada, guardar a sensação maravilhosa do episódio, quando, felizmente, lembrei-me de que tinha gravado a música.

Então, mais calma, esforcei-me para dormir novamente com a certeza de que voltaria à cena anterior e com a convicção de que, no dia seguinte, poderia ouvir aquela canção maravilhosa quantas vezes quisesse, pois estava gravada.

Infelizmente, o desdobramento espiritual não continuou. Acordei, na manhã seguinte, apenas com a doce lembrança do que tinha acontecido. Então, imediatamente, procurei pelo gravador, que estava no cesto de revistas. Descobri, frustrada, que não havia fita nele. A prova material daquele desdobramento tão sublime não existia.

Meu desespero aumentou quando percebi que não conseguia mais me lembrar de nenhum acorde daquela melodia maravilhosa. Tinha na mente apenas a vibração de beleza e magia. Era tudo o que me sobrara na memória. E o que fazer então!?

Alguns anos se passaram e eu jamais me esqueci daquele fato maravilhoso e tampouco do rosto daquele Espírito.

Certo dia, estava em uma livraria espírita procurando

Os Espíritos, a Música Celeste e a Música Terrena   215

por CDs instrumentais e um deles me chamou a atenção. Era uma obra mediúnica. Havia na capa uma foto pequena de alguém sentado ao piano. Havia, em cima, um retrato pintado à mão e, na frente, um grande violão, posicionado, como se estivesse na outra margem de um lago.

Aquela pintura lembrou-me, nitidamente, o homem que havia cantado para mim, naquela noite inesquecível, em desdobramento espiritual, uma melodia maravilhosa. O sorriso era o mesmo. A mesma vibração envolveu-me, como se ele estivesse ali presente.

Chamou-me a atenção o nome que estava embaixo da figura. Então, descobri que Eloi Braga era o nome do pianista que tinha gravado as músicas de Cabete, o homem da pintura, que eu havia conhecido em desdobramento espiritual.

Algum tempo mais se passou e, um certo dia, acordei pela manhã com uma música insistente em meu pensamento. Resolvi então desenvolvê-la para que tomasse uma forma melhor.

Passei o dia todo com aquela música ocupando os meus pensamentos. Assim que consegui um tempo e um ambiente favorável tentei escrever a letra que também vinha insistentemente em minha mente. Ela encaixou-se perfeitamente na música que, de tanto repetir, já estava decorada. Tinha o título de "Oração".

Naquela oportunidade, senti novamente a vibração daquele homem que havia visto em meu desdobramento espiritual. Infelizmente, não foi a mesma música que ele havia cantado para mim naquele momento marcante e inesquecível. Tampouco se assemelhava a ela. Apenas percebi que estava ligada, de alguma forma, àquela experiência vivenciada anteriormente. Não consegui, contudo, compreender o porquê, embora tivesse questionado mentalmente aquele Espírito.

O tempo seguiu seu curso e, alguns meses depois, eu estava envolvida com a psicografia de uma história muito interessante. Era um caso de atendimento a um dos Espíritos que obsidiavam uma das personagens da história.

Fiz uma pausa para refletir melhor sobre os ensinamentos que estava recebendo dos Espíritos. De repente, surgiu Cabete, aquela mesma criatura que cantou para mim a música maravilhosa que jamais consegui reproduzir. Ele intuitivamente explicou-me:

— Esta história assemelha-se àquela que atendemos quando cantei a música que muito a encantou. Ela faz parte de um atendimento espiritual, em que usamos a música como uma das terapias de auxílio. Você integra um imenso grupo. Sua sensibilidade registrou a grandeza da música dos planos mais elevados do que este em que você vive temporariamente. A música que lhe transmiti, mais tarde, com o nome de Oração, é fruto de um agradecimento feito por um dos Espíritos atendidos naquela noite em que houve o seu desdobramento. Esse Espírito foi beneficiado pela terapia musical e já está em fase de recuperação. Já tem consciência dos erros cometidos e deseja ardentemente repará-los, o que é um enorme passo para a regeneração. Como ele foi músico, quando encarnado, tem mais facilidade para compreender as lições que lhe são passadas através da arte musical existente em nosso plano de vida. Achamos que, mais tarde, aproveitaremos as suas aptidões musicais para traduzir o seu pensamento e envolver outras criaturas em boas vibrações. A boa música melhora o ambiente onde é executada. Essa canção de agradecimento, certamente, é a primeira de muitas que, creio, serão compostas e passadas a você.

Lembro-me de que lhe disse mentalmente:

— Eu não conheço música, tenho dificuldade na recepção delas. O senhor certamente percebeu isso ao

Os Espíritos, a Música Celeste e a Música Terrena 217

revelar-me e transmitir-me a sua bela composição. Não seria uma perda de tempo usar-me como instrumento nesse trabalho, quando poderia contar com outros médiuns que atuam de uma forma mais prática e eficiente?

— Não há erro. – Respondeu-me ele – Planejamos e agimos conhecendo bem os elementos disponíveis! Sabemos que temos muitas pessoas mais capacitadas e conhecedoras da técnica musical do que você, mas elas não estão sintonizadas com o trabalho de atendimento fraterno, que é o ponto crucial desta nova tarefa. A sua capacidade mediúnica é utilizada porque se identifica fluidicamente com as nossas necessidades imediatas de serviço. Além disso, consta em seus arquivos espirituais, que você reúne os conhecimentos necessários à realização do trabalho que ora propomos fazer. Isto é o suficiente.

— E aquela música linda que o senhor cantou para mim na primeira vez? Quando poderei ouvi-la novamente? Eu julguei tê-la gravado, mas parece que algo saiu errado.

— Está tudo certo; não há engano algum, minha filha! Você realmente gravou a música. Só que não foi no aparelho que você desejava. Foi em um arquivo espiritual. Você poderá ouvi-la quantas vezes desejar, basta que esteja apta e preparada para isso.

— Eu já tentei isso inúmeras vezes. Parece-me impossível! Sinto a beleza da música e desejo ardentemente reproduzi-la nem que seja somente em meu pensamento. Mas não consigo. Apenas alguns fragmentos surgem na memória, sem que eu possa juntá-los.

— Você conseguirá recordá-la, mas é preciso que tenha um preparo, porque é uma música muito especial. A vibração dela é muito sublime e não pode ser percebida pela matéria grosseira que a envolve em sua esfera terrena. É preciso que a sua alma se desprenda parcialmente e alcance a sua vibração, para poder sintonizá-la.

218 Geziel Andrade

Por enquanto, aproveite o conteúdo da música que eu lhe transmiti. Faça-a espalhar. Que o exemplo de nosso irmão em tratamento sirva de alento e incentivo para os que precisam despertar para a realidade espiritual. Vigie, ore e trabalhe para que possa conquistar a condição especial de que necessita para ouvir a sua música favorita outras vezes. Não se esqueça de Jesus. Ele é o guia e o modelo. Sempre use os seus exemplos. Espalhe as lições da Doutrina Espírita fielmente para auxiliar os irmãos que precisam despertar para as verdades espirituais e morais. O trabalho de espiritualização e moralização da humanidade não pode parar. Vamos nos encontrar muitas outras vezes em outros trabalhos comuns. Esteja sempre preparada e fique em paz.

11 – Depois desse desdobramento espiritual muito marcante, você teve alguma outra experiência significativa?

— Sim, foi o encontro com o Espírito do cantor Tim Maia, em fevereiro de 2001. Penso que este é o momento oportuno para divulgá-lo.

Vi-me numa reunião no mundo espiritual, onde alguém iria fazer uma palestra que o público e eu aguardávamos com ansiedade.

Parecia ser um auditório, no segundo piso de um prédio, cujo chão era de tacos já meio desgastados, mas, cujas paredes estavam limpas e bem pintadas. Havia cortinas finas que esvoaçavam nas janelas, e, na entrada, uma porta bem larga. O espaço terminava num imenso mural. Sobre uma mesa, reservada para as autoridades e que ocuparam bom espaço, viam-se alguns jarros de água que seria fluidificada.

Eu, sentada numa fila da frente, muito feliz, por estar junto a companheiros de trabalho de uma Casa Espírita, aguardava ansiosa o início do evento. Aliás parecia mesmo

Os Espíritos, a Música Celeste e a Música Terrena 219

que eu o aguardava há muito tempo.

Observei algo preocupante: a toalha da mesa havia escorregado e uma prega ficara no caminho, com o perigo de alguém tropeçar.

Levantei-me apressada para prevenir um possível acidente quando, na pressa, esbarrei e derrubei uma das jarras de água.

Ela se quebrou e eu fiquei muito constrangida. Procurei imediatamente reparar o desastre. Tentei secar a água que se espalhou pelo chão, onde muitas pessoas ainda deveriam passar.

Ajoelhada, tentei ainda colher os pedaços de vidro, quando notei que alguém me oferecia ajuda.

Ouvi a sua voz e vi apenas os seus pés junto aos pedaços de vidro que eu procurava recolher. Quando levantei a cabeça para agradecer-lhe a gentileza, percebi que era um homem muito parecido com o conhecido cantor Tim Maia, que já havia desencarnado.

Não acreditei que fosse o seu Espírito, mas deveria ser alguém muito parecido com ele.

Então, recebi um sorriso aberto, mostrando-me, em detalhes, a sua fisionomia inconfundível. Meio tímida, disse:

— Tim Maia!

Ele respondeu-me gentilmente:

— Sim, eu mesmo. Gostaria de falar com você.

Levantei-me depressa e coloquei-me à sua disposição.

Ele, então, agora indiferente ao acontecido com a jarra de água, afastou-me do local, levando-me pelo braço para onde não atrapalhássemos o trânsito das pessoas que desejavam acomodar-se para assistir ao evento.

Aí, ele me disse:

— Preciso de sua ajuda. Desejo transmitir uma música

aos que estão na vida terrena. Preciso que você me ajude a fazer isso.

Lembro-me de ter respondido que isso lhe daria muito trabalho, pois ele era músico e eu não conhecia a técnica musical.

Ele respondeu:

— Procuro uma médium. Você apenas tem que ouvir a minha música, que reflete minha nova versão e maneira de ser.

Fiquei sem ação.

Mas ele continuou dizendo:

— Não se preocupe com nada. Superei muito do que não devia ter feito ou sido em minha última encarnação. Agora recebi a oportunidade de trabalhar aqui em meu próprio crescimento. Indicaram-me você para me ajudar a difundir as realidades espirituais pela música, através dos seus serviços mediúnicos.

Não sei o que respondi, pois acordei do desdobramento.

Alguns dias depois, psicografei uma mensagem desse Espírito, contendo uma música.

Comentei o desdobramento espiritual e a identidade do Espírito comunicante apenas com o meu esposo e com um dos elementos da reunião mediúnica em que a recebi.

É a seguinte a letra da música psicografada em 16/02/2001, no Centro Espírita Amor e Caridade, situado na Rua Aurora, 274 – em Ribeirão Preto – SP.

Os Espíritos, a Música Celeste e a Música Terrena   221

Custei me convencer
Que não podia mais
Voltar pro meu lugar.
Outro mundo pra viver
Mudanças radicais
E tanto tempo
Sem pegar um violão
Compor uma canção
Falar com um amigo...

Chorei, cansado de sofrer
Deus me envie alguém
Que possa me esclarecer

Então a luz se fez na minha frente
E vi que ao meu lado
Tinha tanta gente
Que andava cega como eu
Sem compreender
Que agora era tudo transparente.
Meus erros desfilavam em minha frente
Estava morto
Mas continuava a viver.

Hoje busco algo além,
Só quero o que faz bem
À minha realidade.
E começo a corrigir
O que me fez cair
Podendo outra vez
Pegar um violão
Compor nova canção
Em outra sintonia.
Eu sei que agora é pra valer
E quero aprender
Viver em harmonia.

Sei que agora é pra valer
Preciso aprender
A viver em harmonia.

12 – Marli, como palavras finais, gostaria de que você explicasse qual a importância, além da psicografia, das manifestações musicais dos Espíritos, através da sua mediunidade musical?

— Alguns livros espíritas descrevem a grandiosa arte musical que existe no Plano Espiritual. Com a minha mediunidade, descobri que a nossa música é um pálido reflexo da que os Espíritos dispõem.

Mas, felizmente, os nossos benfeitores espirituais lançam mão desse recurso valioso, transmitindo fragmentos à Terra, para nos auxiliar em muitas dificuldades, principalmente as emocionais.

Penso que a música psicografada é mais uma prova da

misericórdia divina colocada em nosso socorro. Ela permite que tenhamos pequenas parcelas das mais sublimes e elevadas vibrações.

Que saibamos utilizá-la para preparar e melhorar o ambiente interior, antes de recebermos uma intervenção espiritual mais direta. Que suas harmonias carinhosas incentivem-nos a desenvolver as virtudes que ainda não possuímos e a usá-las como verdadeiros bálsamos calmantes sobre nossas mazelas, amenizando-nos as necessidades de paz e luz.

Creio que temos muito a agradecer aos bons Espíritos. Eles realmente se importam conosco; conhecem as nossas necessidades e beneficiam-nos com suas manifestações sublimes, inclusive as musicais, e com as suas comunicações espirituais consoladoras.

Considerações do Autor deste Livro Sobre as Experiências da Médium Psicógrafa e Musical Marli Simões Fabris

Como vimos nesta entrevista, a prezada médium Marli tem acumulado experiências e realizações muito valiosas e interessantes, tanto no campo da psicografia, quanto no da música mediúnica.

Seu depoimento, rico em detalhes, dispensa comentários adicionais, pois o leitor facilmente perceberá que ele, de um modo muito particular, é mais uma importante confirmação das realidades e dos fatos espirituais que este trabalho vem ressaltando e colecionando desde o seu início.

Capítulo V:
A Música dos Espíritos na Obra Mediúnica de Chico Xavier

O extraordinário médium Francisco Cândido Xavier (nascido em Pedro Leopoldo–MG, em 02 de abril de 1910 e falecido em Uberaba–MG, em 30 de junho de 2002), começou a intermediar as manifestações inteligentes dos Espíritos, através da psicografia, a partir de 1927.

Isso levou à publicação, a partir de 1932, de mais de quatrocentos livros escritos por diversos Espíritos, nos mais diferentes estilos e gêneros literários, o que consolidou os princípios do Espiritismo, fortaleceu e ampliou o Movimento Espírita.

Entre as notáveis obras psicografadas por Chico Xavier, algumas delas contêm amplas informações e revelações dos Espíritos acerca da música existente no mundo espiritual, confirmando ensinamentos obtidos desde Allan Kardec.

Para fortalecer este inquérito sobre a existência da música celeste e as influências que os Espíritos exercem sobre a música terrena, tivemos a preocupação de reunir, neste Capítulo, as principais revelações que estavam esparsas nas seguintes obras:

226 Geziel Andrade

As Revelações Sobre a Música dos Espíritos, Contidas no Livro — "Cartas de uma Morta"

O primeiro livro da lavra mediúnica de Chico Xavier, contendo revelações detalhadas sobre a vida no mundo espiritual, foi lançado em 1932, pela Editora LAKE, com o título de *Cartas de uma Morta*.

Essa obra mediúnica reuniu as cartas que o Espírito Maria João de Deus, mãe do médium, desencarnada em 29 de setembro de 1915, redigiu ao seu filho, servindo-se da mediunidade dele. Esse Espírito narrou, em detalhes, o que encontrou na vida espiritual, após a morte de seu corpo material.

Dentre as muitas revelações abrangentes, selecionamos duas que tratam especificamente da música dos Espíritos. Cabe ressaltar, porém, que as revelações destacam ainda aspectos importantes da vida espiritual, reafirmando valiosos princípios do Espiritismo.

O Primeiro Contato do Espírito Com a Emocionante Música Celeste:

"Havia um recinto amplo e majestoso, construído à base de elementos que não é possível qualificar, por falta de termos equivalentes no vocabulário humano. Nesse magnificente interior não existia determinado santuário para orações, mas, sim, obras de arte sublime, destacando-se uma tribuna formada de matéria luminosa, como se fosse de névoas esvanecentes. Ouvia-se, provinda de um coro dulcíssimo de vozes meigas e cristalinas, uma prece ao Criador, repleta de harmonias e de excelsitudes. E aquele cântico melodioso era mais um ciclo de asas ou murmúrio de favônios unindo as pétalas das flores". (...) "De onde provinham

Os Espíritos, a Música Celeste e a Música Terrena   227

aquelas cadências harmoniosas de cavatina celeste, que me faziam vibrar de emotividade até às lágrimas?". (Capítulo: "Amargura e Alegria, Saudade e Júbilo").

A Música e os Instrumentos Musicais Existentes no Mundo dos Espíritos:

"Há música e instrumentos mais perfeitos e mais adaptáveis à harmonia que os conhecidos na Terra. Temos festas e assembléias seletas, meios de comunicação, visões à distância, através de processos que os homens estão ainda muito longe de entender. Todos os nossos trabalhos e atividades são regulados por leis de vibrações daí desconhecidas". (Capítulo: "No Ambiente Espiritual").

As Revelações Sobre a Música dos Espíritos, Contidas nas Amplas e Surpreendentes Obras Produzidas pelo Espírito André Luiz

A partir de 1944, a Federação Espírita Brasileira começou a publicar os livros escritos pelo Espírito André Luiz, contendo informações detalhadas sobre a vida no mundo espiritual.

Entre as revelações surpreendentes feitas por esse Espírito, destacamos as seguintes, que tratam especificamente da música celeste:

O Primeiro Contato do Espírito com a Bela Música dos Espíritos:

"Mal terminara a explicação, as setenta e duas figuras começaram a cantar harmonioso hino, repleto de

228 Geziel Andrade

indefinível beleza. A fisionomia de Clarêncio, no círculo dos veneráveis companheiros, figurou-se-me tocada de mais intensa luz. O cântico celeste constituía-se de notas angelicais, de sublimado reconhecimento. Pairavam-se no recinto misteriosas vibrações de paz e de alegria e, quando as notas argentinas fizeram delicioso staccato, desenhou-se ao longe, em plano elevado, um coração maravilhosamente azul, com estrias douradas. Cariciosa música, em seguida, respondia aos louvores, procedente talvez de esferas distantes". (Livro *Nosso Lar*, Capítulo 3: "A Oração Coletiva". 37ª. edição. Brasília: Federação Espírita Brasileira - FEB. 1989).

A Música Celeste na via Pública e nos Ambientes de Trabalho:

"Em plena via pública, ouviam-se, tal qual observara à saída, belas melodias atravessando o ar. Notando-me a expressão indagadora, Lísias explicou fraternalmente:"
" — Essas músicas procedem das oficinas onde trabalham os habitantes de "Nosso Lar". Após consecutivas observações, reconheceu a Governadoria que a música intensifica o rendimento do serviço, em todos os setores de esforço construtivo. Desde então, ninguém trabalha em "Nosso Lar", sem esse estímulo de alegria". (Livro *Nosso Lar*, Capítulo 11: "Notícias do Plano". 37ª. edição. Brasília: FEB. 1989).

Os Instrumentos Musicais do Plano Espiritual Possuem Poderes Especiais:

"A festividade excedia a tudo que eu pudesse sonhar em beleza e deslumbramento. Instrumentos musicais

Os Espíritos, a Música Celeste e a Música Terrena 229

de sublime poder vibratório embalavam de melodias a paisagem adorante". (Livro *Nosso Lar*, Capítulo 42: "A Palavra do Governador". 37ª. edição. Brasília: FEB. 1989).

Existe Campo Destinado Especialmente à Prática da Música Celeste:

"Havíamos alcançado as cercanias do Campo da Música. Luzes de indescritível beleza banhavam extenso parque, onde se ostentavam encantamentos de verdadeiro conto de fadas. Fontes luminosas traçavam quadros surpreendentes: um espetáculo absolutamente novo para mim". (...)

"Notei, ali mesmo, grande grupo de passeantes, em torno de gracioso coreto, onde um corpo orquestral de reduzidas figuras executava música ligeira. Caminhos marginados de flores desenhavam-se à nossa frente, dando acesso ao interior do parque, em várias direções. Observando minha admiração pelas canções que se ouviam, o companheiro explicou:"

" — Nas extremidades do Campo, temos certas manifestações que atendem ao gosto pessoal de cada grupo dos que ainda não podem entender a arte sublime; mas, no centro, temos a música universal e divina, a arte santificada, por excelência".

"Com efeito, depois de atravessarmos alamedas risonhas, onde cada flor parecia possuir seu reinado particular, comecei a ouvir maravilhosa harmonia dominando o céu. Na Terra, há pequenos grupos para o culto da música fina e multidões para a música regional. Ali, contudo, verificava-se o contrário. O centro do campo estava repleto. Eu havia presenciado numerosas agregações de gente, na colônia, extasiara-me ante a reunião que o nosso Ministério consagrara ao Governador, mas o que via agora excedia a tudo que me deslumbrara até então". (Livro *Nosso Lar*, Capítulo 45: "No Campo da Música". 37ª. edição. Brasília: FEB. 1989).

Os Grandes Compositores Terrenos Recebem Inspirações e Influências Musicais dos Espíritos:

"Grandemente maravilhado com a música sublime, ouvi Lísias dizer:"

"Nossos orientadores, em harmonia, absorvem raios de inspiração nos planos mais altos, e os grandes compositores terrestres são, por vezes, trazidos às esferas como a nossa, onde recebem algumas expressões melódicas, transmitindo-as, por sua vez, aos ouvidos humanos, adornando os temas recebidos com o gênio que possuem". Livro *Nosso Lar*, Capítulo 3: "A Oração Coletiva". 37ª. edição. Brasília: FEB. 1989).

Os Espíritos Afins Formam Grupos Musicais:

"Observei, então, com surpresa, que as filhas e a neta da senhora Laura, acompanhadas de Lísias, abandonavam o estrado, tomando posição junto dos instrumentos musicais. Judite, Iolanda e Lísias se encarregaram, respectivamente, do piano, da harpa e da cítara, ao lado de Teresa e Eloísa, que integravam o gracioso coro familiar."

"As cordas afinadas casaram os ecos de branda melodia e a música elevou-se, cariciosa e divina, semelhante a gorjeio celeste. Sentia-me arrebatado a esferas sublimes do pensamento, quando vozes argentinas embalaram o

Os Espíritos, a Música Celeste e a Música Terrena   231

interior. Lísias e as irmãs cantavam maravilhosa canção, composta por eles mesmos". Livro *Nosso Lar*, Capítulo 48: "Culto Familiar". 37ª. edição. Brasília: FEB. 1989).

Existem Músicas que são Executadas Por Espíritos de Crianças:

"Conversávamos, animadamente, quando Alfredo nos convidou para o Salão de Música." (...)

"Dirigimo-nos para o grande recinto, prodigiosamente iluminado por luzes de um azul doce e brilhante. Deliciosa música embalava-nos a alma. Observei, então, que um coro de pequenos musicantes executava harmoniosa peça, ladeando um grande órgão, algo diferente dos que conhecemos na Terra. Oitenta crianças, meninos e meninas, surgiam, ali, num quadro vivo, encantador. Cinqüenta tangiam instrumentos de cordas e trinta conservavam-se, graciosamente, em posição de canto. Executavam, com maravilhosa perfeição, uma linda barcarola que eu nunca ouvira no mundo". (Livro *Os Mensageiros*, Capítulo 31: "Cecília ao Órgão". 22ª. edição. Brasília: FEB. 1988).

A Música de Bach é Tocada no Mundo dos Espíritos:

"Vimos Cecília caminhar para o grande instrumento, sem hesitação. Com emoção indizível, ouvimo-la executar, magistralmente, a "Tocata e Fuga em Ré Menor", de Bach, acompanhada pelas crianças exultantes". (Livro *Os Mensageiros*, Capítulo 31: "Cecília ao Órgão". 22ª. edição. Brasília: FEB. 1988).

A Música Existente em Esfera Espiritual Elevada pode ser Ouvida em Esfera Menos Elevada:

"Num gesto nobre, Aniceto pediu a Ismália que executasse algum motivo musical de sua elevada esfera".

"A esposa de Alfredo não se fez rogada. Com extrema bondade, sentou-se ao órgão, falando, gentil:"

" — Ofereço a melodia ao nosso caro Aniceto."

"E, ante nossa admiração comovida, começou a tocar maravilhosamente. Logo às primeiras notas, alguma coisa me arrebatava ao sublime. Estávamos extasiados, silenciosos. A melodia, tecida em misteriosa beleza, inundava-nos o espírito em torrentes de harmonia divina. Penetrava-me o coração um campo de vibrações suavíssimas, quando fui surpreendido por percepções absolutamente inesperadas. Com assombro indefinível, reparei que a esposa de Alfredo não cantava, mas no seio caricioso da música havia uma prece que atingia o sublime – oração que eu não escutava com os ouvidos mas recebia em cheio na alma, através de vibrações sutis, como se o melodioso som estivesse impregnado do verbo silencioso e criador. As notas de louvor alcançavam-me o âmago do espírito, arrancando-me lágrimas de intraduzível emotividade". (Livro *Os Mensageiros*, Capítulo 32: "Melodia Sublime". 22ª. edição. Brasília: FEB. 1988).

Existe na Vida Espiritual Canto para Glorificar a Deus:

"Eusébio, ao terminar, estava aureolado de prodigiosas emissões de luz".

"A assembléia prosternada mostrava semblantes lívidos de estupefação".

Os Espíritos, a Música Celeste e a Música Terrena   233

"Enorme grupo de colaboradores de nosso plano elevou a voz em harmonias, entoando comovente cântico de glorificação ao Supremo Senhor".
"As melodiosas notas do hino perdiam-se, ao longe, no arvoredo distante, nas asas de suave brisa...". (Livro *No Mundo Maior*, Capítulo 15: "Apelo Cristão". 16ª. edição. Brasília: FEB. 1990).

O Louvor a Deus é Feito Através de Hino Cantado por um Coral Harmonioso:

"Alcançados pelos fulgurantes raios que fluíam de esfera superior através de sua personalidade sublime, sentíamo-nos embalados por indizível suavidade..."
"Harmonioso coro de uma centena de vozes bem afinadas cantou inolvidável hino de louvor ao Supremo Pai, arrancando-me copiosas lágrimas". (Livro *No Mundo Maior*, Capítulo 20: "No Lar de Cipriana". 16ª. edição. Brasília: FEB. 1990).

A Música Celeste é Executada na Materialização de Espíritos Sublimes:

"Os doadores de energia radiante, médiuns de materialização em nosso plano, se alinhavam, não longe, em número de vinte".
"Comovedora partitura soou, argentina e leve, em aposento próximo, predispondo-nos à meditação de ordem superior".
"E logo após a prece, formosa e espontânea, pronunciada pelo responsável mais altamente categorizado na instituição, eis que a tribuna doméstica se ilumina. Esbranquiçada nuvem de substância leitosa-brilhante adensa-se em derredor e, pouco a pouco, desse bloco de

234 Geziel Andrade

neve translúcida, emerge a figura viva e respeitável de veneranda mulher. Indizível serenidade caracteriza-lhe o olhar simpático e o porte de madona antiga, repentinamente trazida à nossa frente. Cumprimenta-nos com um gesto de bênção, como que nos endereçando, a todos, os raios da luz esmeraldina que em forma de auréola lhe exornam a cabeça". (Livro *Libertação*, Capítulo III "Entendimento". 14ª. edição. Brasília: FEB. 1990).

Os Espíritos ainda Imperfeitos Executam Música Primitiva nas Esferas Inferiores do Mundo Espiritual:

"Música exótica fazia-se ouvir não distante e Gúbio rogou-nos prudência e humildade em favor do êxito no trabalho a desdobrar-se". (...)

"Tambores variados rufaram, como se estivéssemos numa parada militar em grande estilo, e uma composição musical semi-selvagem acompanhou-lhes o ritmo, torturando-nos a sensibilidade". (Livro *Libertação*, Capítulo IV "Numa Cidade Estranha" e Capítulo V "Operações Seletivas". 14ª. edição. Brasília: FEB. 1990).

Os Espíritos Podem Influir e dar Sugestões Mentais aos Homens para que Toquem Determinada Música Terrena:

"Paulino deu-nos acesso ao interior familiar, situando-nos num espaçoso gabinete em que um homem maduro jazia debruçado sobre um livro."

"O generoso anfitrião no-lo apresentou como sendo o filho encarnado, cuja missão técnica assistia com invariável desvelo. E, porque indagasse ao diretor de nossa excursão em que poderia servir-nos, Silas rogou-lhe os bons ofícios,

Os Espíritos, a Música Celeste e a Música Terrena   235

junto ao filho, para que nos fosse propiciado, ali, o prazer de alguns momentos de música, solicitando-lhe, se possível, alguma página especial de Beethoven".

"Com surpresa, vimos nosso amigo abeirar-se do engenheiro, segredando-lhe algo aos ouvidos. E, longe de assinalar-nos a presença, qual se estivesse constrangido por si mesmo a ouvir música, o cavalheiro interrompeu a leitura, dirigiu-se à eletrola e consultou pequena discoteca, de que retirou a Pastoral do grande compositor a que nos referimos".

"Em breves momentos, o recinto povoava-se para nós de encantamento e alegria, sonoridade e beleza".

"Silas, com alma e coração, ouvia conosco a sinfonia admirável, toda ela estruturada em bênçãos da Natureza sublimada". (Livro *Ação e Reação*, Capítulo 10 "Entendimento". 13ª. edição. Brasília: FEB. 1989).

A Música Celeste Embeleza a Cerimônia de Transmissão de Cargo:

"Felix chegou, por fim, denotando a firmeza e a serenidade que lhe marcavam as atitudes. Instalouse, tranqüilo, entre o Ministro da Regeneração, que representava o Governador, e o irmão Régis, que o substituiria; contudo, ao relancear os olhos pelos milhares de circunstantes que repletavam entradas, salões, escadas e galerias, com os enfermos à frente, estampou no semblante abalo inexprimível".

"Quinhentas vozes infantis, de antemão preparadas por irmãs reconhecidas, cantaram em coro dois hinos que nos arrebataram a culminâncias de sentimento. O primeiro deles se intitulava "Deus te abençoe", executado por oferenda dos companheiros mais velhos, e o outro se subordinava à expressiva legenda "Volta breve, amado amigo!", preito de reverência endereçado ao instrutor pelos mais jovens. Emudecidos os derradeiros acordes da orquestra, que imprimira ignota beleza às melodias, os duzentos enfermos desfilaram diante de Félix, em nome do "Almas Irmãs", que delegava aos companheiros menos afortunados o júbilo de apertar-lhe as mãos, ofertando-lhe flores".

"A transferência de autoridade foi simples, com a exposição e leitura respectiva de um termo referente à modificação. Cumprido o preceito, o Ministro da Regeneração abraçou, em nome do Governador, o irmão que partia e empossou Régis que ficava". (Livro *Sexo e Destino*, Capítulo XIV. 14ª. edição. Brasília: FEB. 1989).

As Revelações Sobre a Música dos Espíritos, Contidas na Obra — "Voltei" do Espírito Irmão Jacob

Em 1949, a Federação Espírita Brasileira – FEB - publicou o livro escrito pelo Espírito Irmão Jacob, intitulado "Voltei", contendo informações detalhadas sobre a vida no mundo espiritual.

Entre as inúmeras revelações feitas por esse Espírito, através da mediunidade de Chico Xavier, selecionamos apenas duas que tratam especificamente da música celeste:

As Músicas Terrena e Celeste unem-se para Animar uma Noite Festiva:

"Num salão adornado e amplo, vários irmãos que eu não conhecia me receberam generosamente".

"Talvez inspirado por Marta, admirável grupo orquestral executou a "ouverture" de "La Gazza Ladra" de Rossini".

Os Espíritos, a Música Celeste e a Música Terrena 237

"Com que emoção acompanhei a peça vazada em suave encantamento!" (...)

"Cessada a melodia, extenso grupo coral de meninos-orientadores entoou formoso hino intitulado: "O Irmão que volta de longe". (Capítulo: Em Pleno Santuário. 12ª. edição. Brasília: FEB. 1986).

A Música Celeste é Executada em Materialização de Espíritos Mais Elevados:

"Mais quatro entidades ligadas ao fraternal mensageiro se materializaram em figura harmoniosa e fulgurante".

"Abraçaram-me com carinho e cantaram com os meninos-orientadores um hino suave consagrado a Jesus". (...)

"Outros cânticos se fizeram ouvir comoventes e formosos e, quando Bittencourt Sampaio e os dele se despediram num deslumbramento de júbilo, senti o princípio de uma revolução interior, de profundas conseqüências em meu futuro". (Capítulo: Ao Fim da Reunião. 12ª. edição. Brasília: FEB. 1986).

Considerações Sobre as Revelações Acima, Feitas por Diversos Espíritos, Acerca da Música Celeste e das Influências que Exercem Sobre os Homens, e Contidas em Obras Psicografadas por Chico Xavier

Como se vê, nas principais obras psicografadas por Chico Xavier, – o maior médium que o mundo já conheceu –, que tratam da continuidade da vida da alma no mundo espiritual, encontramos inúmeras passagens que mostram como a música celeste está incorporada às muitas atividades mantidas pelos Espíritos.

Isso confirma inúmeras revelações surpreendentes que vêm sendo feitas pelos Espíritos, em diversas partes do mundo, através de diferentes médiuns, desde Allan Kardec, conforme vimos nos Capítulos antecedentes.

Um ponto muito interessante, que precisa ser ressaltado agora, é o da participação da alma de crianças em orquestras e corais, que animam, com a música celeste, alguns momentos festivos.

Pelo que pudemos constatar, em estudo realizado em alguns livros espíritas, nem todas as almas das crianças que desencarnaram em tenra idade física sofrem uma abrupta transformação após a perda do corpo material.

Elas continuam, por algum tempo bastante variável, dependendo de cada caso, com as mesmas características e com os mesmos gostos infantis, inclusive com relação à música. Esta realidade foi mostrada, de uma forma muito marcante, no livro psicografado em 1989, por Chico Xavier, de autoria do Espírito Cláudia Pinheiro Galasse, intitulado "Escola no Além", de edição do Instituto Divulgação Editora André Luiz: IDEAL.

Nesse livro, a autora espiritual revelou que prestava assistência às criancinhas que haviam voltado da vida física para a vida espiritual, por diversos motivos. Elas conservavam a forma e a aparência infantil, e preferiam expressar os seus sentimentos e anseios através da música. Esta arte lhes servia ainda para tornar mais agradáveis as suas distrações e atividades educativas.

Portanto, graças à extensa e maravilhosa obra mediúnica do maior médium psicógrafo que o mundo já conheceu, encontramos a confirmação da existência da música celeste, tocada em inúmeras atividades mantidas pelos Espíritos, bem como das influências que eles podem exercer sobre os homens, inclusive no campo da música terrena.

Outra observação muito interessante, feita durante

Os Espíritos, a Música Celeste e a Música Terrena   239

esta pesquisa espírita e aqui reafirmada, foi que a música acompanha a evolução intelectual e moral dos Espíritos encarnados e desencarnados.

Dessa forma, ela evolui junto com os Espíritos que a compõem e a executam. Isto explica por que a música pode ser encontrada de forma grandiosa, bela e sublime nos graus mais elevados da hierarquia espiritual, chegando mesmo a atingir uma forma inimaginável pelos homens e mesmo pelos Espíritos ainda imperfeitos, que habitam as esferas inferiores do mundo espiritual.

Além disso, fragmentos da música celeste são transmitidos aos compositores terrenos, através da inspiração e das idéias musicais que lhes são oferecidas pelos Espíritos que se dedicam àquela arte.

Então, ela acaba influindo na evolução e nas atividades musicais dos homens. Ainda, como os Espíritos que estão domiciliados nas esferas inferiores do mundo espiritual freqüentam, com certa assiduidade, as atividades humanas, eles acabam também sendo influenciados com a evolução que ocorreu na música terrena, em função das inspirações superiores que foram oferecidas aos músicos terrenos.

Dessa forma, como a música está em permanente evolução em toda parte, podemos afirmar que, sendo universal, ela está presente nas "muitas moradas existentes na Casa de nosso Pai", gerando, com sua harmonia e beleza, muita emoção, satisfação, alegria e encantamento.

BIBLIOGRAFIA: Citada no texto, para facilitar a consulta.

Capítulo VI:
A Música dos Espíritos em Diversas Obras Mediúnicas

No Brasil, ao lado de Francisco Cândido Xavier, surgiram muitos outros médiuns psicógrafos idôneos, sérios, dedicados e importantes, que, com suas realizações, deram valiosas contribuições ao Espiritismo.

Assim, "na Pátria do Evangelho", foram publicados muitos livros espíritas, de autoria de diversos Espíritos, psicografados por diferentes médiuns, em várias épocas e localidades brasileiras.

Algumas dessas obras mediúnicas apresentam, numa concordância notável entre si, as revelações surpreendentes e interessantes, feitas pelos Espíritos, sobre as suas atividades, inclusive envolvendo a música celeste.

Assim, a seguir, apresentamos alguns textos extraídos de obras mediúnicas publicadas no Brasil, sem termos, contudo, a pretensão de esgotar o assunto, ao mesmo tempo, amplo e interessante. Eles apenas visam reafirmar ou corroborar a tese espírita da existência da música celeste, bem como das influências musicais que os Espíritos exercem sobre a música terrena.

Esses textos poderiam ter sido em número muito maior, se não tivéssemos tido a justa preocupação em

242 Geziel Andrade

reunir apenas narrativas que contenham algo de inusitado, embora coincidente com os já apresentados anteriormente.

Assim, as revelações contidas neste Capítulo podem
parecer, à primeira vista, análogas ou idênticas às já reunidas nos Capítulos anteriores; mas, no fundo, apresentam
algo importante para os nossos temas em estudo.

*Revelações Sobre o Efeito da Música Celeste
Sobre os Espíritos em Sofrimento, Feitas Pelo
Espírito Camilo, Através da Mediunidade de
Yvonne A. Pereira:*

"Ouvimos sons longínquos e harmoniosos de tocante
melodia, como um hino sacro, os quais predispuseram nossos Espíritos, alijando do ambiente quaisquer resquícios de
preocupações subalternas que ainda permanecessem pela
atmosfera". (...)

"Evidente era que ondas magnéticas preparativas
eram conduzidas através dos sons daquele hino mirífico,
que unificava nossas mentes aos embalos de acordes irre-
sistíveis, fazendo-nos vibrar favoravelmente, num harmonioso estado de concentração de pensamentos e vontades".
(Livro: *Memórias de um Suicida*, Terceira Parte: A Cidade
Universitária, Capítulo I: A Mansão da Esperança. 2ª. edição. Rio de Janeiro: Federação Espírita Brasileira. 1957).

*Revelações Sobre a Música Clássica Terrena
Executada na Vida Espiritual, Feitas pelo Espírito
Otília Gonçalves, Através da Mediunidade de
Divaldo Pereira Franco:*

"Jovem seráfica, sentada, a grande órgão, continuava

Os Espíritos, a Música Celeste e a Música Terrena   243

a dedilhar o teclado alvo, sensivelmente emocionada. Todos pareciam participar da mesma emoção, porquanto, de olhos fechados, deixavam transparecer, na face, a comunhão fraterna que se irradiava, misturando-se harmoniosamente".

"Eis o nosso santuário de orações – informou a Enfermeira Zélia, aproximando-se de mim".

" — A pulcra jovem organista – prosseguiu, jovialmente – é Susana, que na Terra se dedicou à música de Bach, Wagner e Haëndel. No momento, prepara-nos o ambiente com o trecho da peça "XERXES" de Haëndel, denominado LARGO".

"Tomada pelos acordes vibrantes, parecia recuar no tempo e evocava a melodia que tantas vezes escutara quando encarnada. Tinha a impressão de que a música, naquele momento, possuía uma linguagem mais compreensível, saturando de emoções superiores a minha alma".

"Envoltos nas vibrações do instrumento magnificamente conduzido, ouvimos as últimas notas perderem-se no ar". (Livro: *Além da Morte*, Capítulo X: Oração na Colônia. 4ª. edição. Salvador: Livraria Espírita "Alvorada" – Editora. 1989).

Revelações Sobre os Tipos Variados de Músicas que são Tocadas nas Festas Realizadas na Vida Espiritual, Feitas pelo Espírito Luiz Sérgio, Através da Mediunidade de Alayde de Assunção e Silva:

"Nossa vida continua mais ou menos como eu já expliquei: estudando, trabalhando e me divertindo também. Há festas por aqui. Calmas, tranqüilas. Com músicas a gosto de cada um. Até algumas composições populares são tocadas, mas só aquelas que traduzem sentimentos sadios. As baseadas ou inspiradas nos impulsos instintivos nunca ouvi tocar".

"Assisti a uma conferência sobre as artes, especialmente a música, e entendi a influência que pode causar no espírito das pessoas. A música é meio de comunicação e bem poderoso meio". (Livro: *O Mundo Que Eu Encontrei*, Capítulo 7: A Estância da Luz Divina. 10ª. edição. Brasília -DF: Livraria e Editora Recanto Ltda. 1988).

Revelações Sobre a Música Celeste que é Executada em Cerimônia Espiritual, feitas pelo Espírito Lamounier Godofredo de Andrade e Souza, Através da Mediunidade de Jacintho Laureano da Silveira:

"A gigantesca tela daquele auditório possuía grande luminosidade. Suave música bailava no ar". (...)

"As elucidações de Petrônio foram interrompidas por um cântico harmonioso. Vozes cristalinas enchiam o ambiente de indizível ternura e paz. Na tela brilhante e translúcida, surgiu a figura veneranda de um Espírito excelso. Grande alegria se apossou de todos. Notas íntimas, de intraduzível júbilo, eram percebidas no ar". (...)

"Um coro angelical acompanhava a maviosa voz do emissário de Jesus. De onde viriam aquelas notas de harmoniosa e indizível beleza? A música casava-se com os mais profundos anseios do nosso eu interior. Era a demonstração cabal e insofismável de que a vida regorgitava plena de alegria naquela manifestação da bondade infinita de Deus". (Livro: *Arquivos Eternos*, Capítulo IV. 1ª. edição. São Paulo -SP: Instituição Beneficente Casa da Passagem. 1971).

Os Espíritos, a Música Celeste e a Música Terrena   245

Revelações Sobre a Música Celeste que é Executada em Palestra, Feitas pelo Espírito Paulino Garcia, Através da Mediunidade de Carlos A. Baccelli:

"No referido centro de convenções, feericamente iluminado, estávamos, aproximadamente, três mil pessoas, aguardando a palavra do Mensageiro, que sabíamos diretamente ligado à Esfera do Cristo. Alguns caravaneiros, de outras regiões espirituais, estavam presentes. Após algumas melodias executadas ao órgão por exímia musicista, a figura admirável daquele homem caminhou, a passos lentos, para a tribuna que se improvisara". (Livro: *Dr. Odilon*, Capítulo: A Palavra do Mentor. 1ª. edição. Votuporanga-SP: Casa Editora Espírita Pierre-Paul Didier. 1998).

Revelações Sobre os Concertos Musicais e os Tipos de Músicas que são Executadas na Vida Espiritual, Feitas pelo Espírito Patrícia, Através da Mediunidade de Vera Lúcia Marinzeck de Carvalho:

"No teatro, há muitos concertos musicais, cantos de corais e individuais. Algumas das músicas apresentadas são conhecidas dos encarnados, as que são bonitas, que falam de assunto agradável e bom. Outras músicas são desconhecidas dos encarnados, mas conhecidas dos moradores da Colônia". (...)
"Escutam-se pela Colônia músicas agradáveis e suaves. Nos pátios o som é mais alto, porém, não menos agradável. A música suave relaxa e incentiva o trabalho e o aprendizado". (...)

"Muitas das canções apresentadas são conhecidas dos encarnados, principalmente as natalinas. Outras lindíssimas são de compositores do Plano Espiritual. Crianças e jovens têm seus corais e estão sempre se apresentando em festividades da Colônia e, quando convidados, vão a outras Colônias. Fazem muito sucesso, apresentam-se muito bem. A música é uma grande terapia. Adultos também podem fazer parte dos corais, grupo de músicos, como também fazem teatros". (Livro: *Violetas na Janela*, Capítulo VII: Teatro; Capítulo IX: Volitar; Capítulo XXIV: Natal. 1ª. edição. São Paulo-SP: PETIT Editora e Distribuidora Ltda. 1993).

Revelações Sobre a Música Celeste Tocada em Biblioteca e em Jardim da Vida Espiritual, Feitas pelo Espírito Irmão Virgílio, Através da Mediunidade de Antonio Demarchi:

"Retornei ao meu domicílio espiritual. Necessitava colocar em dia meus apontamentos e buscar esclarecimentos na Grande Biblioteca da colônia, para onde me dirigi após passar a limpo minha agenda de trabalho. O ambiente de estudo me envolveu, juntamente com os maravilhosos acordes de música que inundavam o recinto". (...)

"Desde o princípio de meu estágio na Mansão dos Jovens, aquela era a primeira vez que penetrava naquele recinto. Tão logo transpusemos o portal que dava acesso à parte exterior, a visão que descortinei me deixou extasiado: amplo jardim se estendia à minha visão. Senti-me deslumbrado diante da beleza das flores de diversos matizes, enquanto frondosas árvores serviam de pousada para pássaros de plumagem multicolorida. A música ambiente extasiava meus sentidos em harmonia com o trinado dos pássaros...". (Livro: *Mansão dos Jovens*, Capítulo: Suaves Recordações; Capítulo: O Recanto da Paz. 1ª. edição.

São Paulo -SP: LÚMEN Editorial Ltda. 2000).

Considerações Sobre essas Revelações Adicionais, Feitas por Vários Espíritos, Através de Diferentes Médiuns Brasileiros

Bastou recorrermos a apenas algumas obras espíritas muito conhecidas no Brasil, psicografadas por diferentes médiuns, para encontrarmos revelações coincidentes com as já feitas por vários outros Espíritos, sobre a maravilhosa música existente no mundo espiritual, e que estão reunidas nos Capítulos anteriores deste livro.

Conforme vimos, mais uma vez, nas revelações aqui apresentadas, existe realmente a sublime e grandiosa música celeste, que anima e embeleza os mais diversos ambientes espirituais e as mais diferentes atividades mantidas pelos Espíritos, gerando-lhes emoção, admiração, bem-estar e enorme satisfação íntima.

Portanto, com os ensinamentos oferecidos pelo Espiritismo, desde Allan Kardec, adquirimos a sólida certeza de que, na vida futura, a nossa alma encontrará, inclusive, os grandiosos trabalhos dos compositores, fabricantes de instrumentos musicais e executores das músicas e harmonias celestes.

Mas, para isso, nesta valiosa oportunidade evolutiva inerente à jornada terrena, cabe-nos, apenas, esforçarmonos para conquistar o progresso intelectual e moral e os méritos espirituais que hão de nos garantir o acesso aos maravilhosos ambientes celestes, onde os Espíritos mantêm muitas atividades gratificantes, inclusive as artísticas e musicais que dignificam a vida imortal.

BIBLIOGRAFIA: Registrada no texto para facilitar a consulta.

QUARTA PARTE:

Palavras Finais Sobre a Música dos Espíritos

Palavras Finais Sobre a Música dos Espíritos

Com esta pesquisa espírita criteriosa, levantamos as revelações e as manifestações inteligentes dos Espíritos, acerca da existência da música celeste e de suas decorrências, feitas através de inúmeros médiuns, em várias épocas e em diferentes localidades.

Assim, pudemos desvendar mistérios e obter a confirmação a respeito da existência da música na vida espiritual e das influências musicais que os Espíritos exercem sobre os médiuns e os músicos terrenos.

As Revelações, as Manifestações e os Fatos Contidos nas Obras de Allan Kardec

A nossa busca começou nas obras de Allan Kardec, sendo que fomos surpreendidos com a grande quantidade de casos muito interessantes reunidos pelo notável Codificador do Espiritismo, conforme verificamos com a análise minuciosa procedida na Primeira Parte deste trabalho.

Conseqüências das Constatações Sobre as Revelações Acerca da Existência da Música Celeste e as Manifestações e Influências Musicais que os Espíritos Exercem Sobre os Médiuns e os Músicos Terrenos, Contidas nas Obras de Allan Kardec

Embora os homens sempre tenham acreditado, de uma forma intuitiva, na existência da música no Reino dos Céus, Allan Kardec com as revelações que obteve dos Espíritos superiores, com os seus estudos das manifestações musicais dos Espíritos, servindo-se de médiuns conscientes ou inconscientes, bem como das evidências que obteve das inspirações que os Espíritos oferecem aos músicos terrenos, começou a desvendar tais mistérios, de uma forma efetiva, séria, consistente, lógica e pautada em fatos. Isto pode ser facilmente constatado em suas obras magistrais que constituíram o Espiritismo.

A Importância da Bela Música na Vida Espiritual

Allan Kardec, com as revelações obtidas dos Espíritos superiores e com os seus estudos das manifestações físicas e inteligentes dos Espíritos, inclusive musicais, através de diferentes médiuns, demonstrou, com uma precisão notável, que a música continua tendo um papel importante na vida da alma que ingressa no plano espiritual. Isto ficou muito evidente, principalmente com os depoimentos que obteve dos Espíritos Weber, Mozart, Chopin e Rossini.

Além disso, dependendo da posição que o Espírito ocupa na hierarquia espiritual, ele encontra a arte musical muito mais desenvolvida do que a existente na vida terrena.

Portanto, Allan Kardec, com suas abordagens consistentes sobre esses assuntos, ressaltou que, na espiritualidade, a música celeste é majestosa em melodia, harmonia e execução.

Nas esferas superiores do mundo espiritual, os seus habitantes, que são Espíritos evoluídos em termos intelectuais e morais, cultivam a música celeste de uma forma tão grandiosa que não pode ser comparada com a existente aqui na Terra.

As Influências Musicais que os Espíritos Exercem Sobre os Médiuns

Allan Kardec demonstrou ainda, de uma forma muito clara, que os bons Espíritos exercem influências musicais ostensivas sobre os médiuns de efeitos físicos inteligentes, bem como sobre os médiuns musicais.

Assim, com essas manifestações, os Espíritos dão provas consistentes de que dominam a arte musical e que produzem e executam a grandiosa música celeste, rica em harmonia, beleza e esplendores.

As Influências Musicais que os Espíritos Exercem Sobre os Músicos Terrenos

Allan Kardec estabeleceu ainda, apoiado em fatos, que, além de atuarem sobre os médiuns, os Espíritos agem, de formas sutis, sobre os compositores e músicos terrenos, com suas inspirações, idéias e sugestões mentais.

Dessa forma, são colaboradores no contínuo progresso que a arte maravilhosa da música vem experimentando na vida terrena.

O Fortalecimento de uma Crença Popular

Em decorrência disso, o Espiritismo fortaleceu a crença já existente de que os compositores e os músicos terrenos são beneficiados com as constantes influências, inspirações e idéias musicais que os Espíritos lhes oferecem do Alto, facilitando-lhe a elaboração das obras musicais com o emprego de seus talentos e de suas habilidades musicais extraordinárias.

As Contribuições Valiosas Prestadas por Alguns Médiuns e Estudiosos dos Fenômenos Espíritas, Após Allan Kardec

Na Segunda Parte deste livro, ampliamos as nossas pesquisas sobre os temas em estudo, buscando informações em outras obras espíritas, publicadas a nível mundial, após a morte de Allan Kardec.

Ficamos surpresos ao constatar que nos trabalhos publicados por Léon Denis, Ernesto Bozzano, Arthur Conan Doyle, Reverendo G. Vale Owen, Anthony Borgia e Rosemary Brown, as informações são abundantes e os inúmeros fatos apresentados são coincidentes entre si, isto é, confirmam tudo o que o Codificador do Espiritismo havia estabelecido acerca da existência da música celeste e de suas decorrências.

As Contribuições Valiosas Prestadas por Alguns Médiuns no Brasil

Na Terceira Parte deste estudo, conduzimos as nossas pesquisas para as realizações dos grandes médiuns brasileiros: Francisco Lins Peixoto ou "Peixotinho", Fábio

Machado, Carlos Mirabelli, Jorge Rizzini, Marli Simões Fabris, Francisco Cândido Xavier, Yvonne A. Pereira, Divaldo Pereira Franco, Alayde de Assunção e Silva, Jacintho Laureano da Silveira, Carlos A. Baccelli, Vera Lúcia Marinzeck de Carvalho e Antonio Demarchi.

Assim, constatamos, inclusive aqui no Brasil, que elas confirmam, ampliam e fortalecem os registros que estão em livros espíritas que foram publicados desde os primórdios da Doutrina Espírita.

Portanto, não só as obras de Allan Kardec deram um amplo entendimento sobre a dimensão alcançada pela música dos Espíritos, mas também muitas outras obras espíritas, publicadas por diferentes médiuns e estudiosos do Espiritismo, tanto mundialmente, quanto no Brasil, ajudaram a desvendar os segredos e prestaram valiosas contribuições ao pleno conhecimento da existência da música celeste, bem como das influências musicais que os Espíritos exercem sobre os médiuns e os músicos terrenos.

A Música Celeste e o Teste da Universalidade do Ensino dos Espíritos

Como resultado deste trabalho investigativo, constatamos que as revelações e as informações prestadas pelos Espíritos sobre a existência da música celeste, bem como as suas influências musicais sobre os médiuns e os músicos terrenos, atendem perfeitamente ao princípio do Controle Universal da Doutrina Espírita, estabelecido por Allan Kardec, na "Introdução" de *O Evangelho Segundo o Espiritismo*:

"A única garantia segura do ensino dos Espíritos está na concordância das revelações feitas espontaneamente, através de um grande número de médiuns, estranhos uns aos outros, e em diversos lugares".

O Poder dos Fatos Reunidos em um só Lugar

Além do indispensável aspecto acima mencionado, com este inquérito espírita, reunimos aqui inúmeros fatos e depoimentos espíritas importantes, ocorridos durante um espaço de tempo muito longo.

Assim, este livro não trata de apenas um determinado fato espírita, visto como um caso isolado, com pouca repercussão e com um poder restrito de credibilidade. Ele reúne, conforme vimos, inúmeros estudos, fatos e depoimentos ocorridos em diferentes épocas, envolvendo várias pessoas idôneas e dignas de credibilidade que formam um conjunto concorde, coeso e consistente. Eles têm um poder irrefutável de convencimento. Isto pode ser constatado do princípio ao fim desta pesquisa e atesta inequivocamente a verdade, não deixando qualquer dúvida sobre os temas ora em estudo.

Conclusão

Portanto, em função do método criterioso que foi aplicado neste estudo espírita, bem como das análises minuciosas dos fatos espíritas bem comprovados, feitas desde Allan Kardec; das provas claras que foram reunidas ao longo do tempo; e dos depoimentos idôneos, sérios e pautados na lógica e no bom-senso podemos estabelecer, com segurança, a seguinte conclusão:

Os fatos espíritas, desde Allan Kardec, falam por si mesmos. Eles são, de tal modo convincentes, reais, concordes, consistentes, verdadeiros e irrefutáveis, que só não acredita neles quem não quer ou quem ainda não tem olhos para ver as manifestações inteligentes dos espíritos ou ouvidos para ouvir sequer a música celeste que eles produzem e ditam, pela inspiração, aos músicos terrenos.